那些學校忘了教你的事

艾倫・狄波頓21堂人生哲學課，陪你梳理生活、情緒、感情、工作，找回內心自由和安全感

人生學校 The School of Life——著 許景理——譯

What They Forgot to Teach You at School

方舟文化

前言

那些生活核心課題，學校為何忘了教？

現代社會對於教育特別嚴肅以待，在人類歷史上從未對下一代的心智發展投入如此多的資源及心力，所有先進國家的孩子到了二十歲左右，都還專注於課業學習上。

在注重教育的家庭中，學校作業的地位神聖不可侵犯。由老師與教育工作者、大學與教育官僚組成的團隊，透過學校機器批量生產來輸出年輕學子。政客們在各個方面相互比拚，以證明自己對教育事業的熱愛。**政府制定的大型考試主張有權決定我們的人生**，讓我們就算過了幾十年，還是會害怕這些考試。有極少數悲慘但有說服力的例子告訴我們，如果成績不好，根本就沒有活下去的必要。

儘管如此，當一個有思想的青壯年或中年人在面臨某些危機時，很難不以困惑的目光回顧學校生涯，並且想知道為什麼在所有課業、教條規範和嚴格的管束之下，竟有那麼多事被默默忽略了？

我們坐在教室裡的時光，怎麼會遺漏掉某些對中年溫飽很重要的基本概念？為什麼我們用這麼多時間來研究微積分、冰川上層所受的侵蝕、一四〇〇年代歐洲勃根地（Burgundian）地區的政治、艾蜜莉．狄金生（Emily Dickinson）的詩和三角函數，卻沒什麼時間來解答讓成年人生活變得如此棘手的一系列難題？

簡而言之——**為什麼從未有人告訴我們這些事？**

現在很少有人探討這種想法。討論的重點主要都放在如何教育孩子最好，而非他們應該接受什麼教育；學校教育設計的出發點，不是解決成人生活會遇到的實際難題；每週功課表的課程主題，絕不能討論真的會造成生命磨難的事情，否則我們會從老師那裡聽到更多如何處理人際關係困境、工作上的傷心事、緊張的家庭關係和恐怖死因……。

任何來到地球的外星人對於人類行為都會感到訝異，因為我們居然歡樂地以為對成年的主要要求，是擁有一套技能；而不承認其實最會讓我們一無所獲的，並不是無法掌握數學矩陣代數或法文文法的過去完成式，而是無法掌握自己生活中的情緒維度，即——對自己的理解；與愛人、孩子和同事打交道的能力；自信的程度；冷靜自持的掌控力；自憐。

掌握自己的情緒維度遠比在最好的學校裡學到的東西還重要，如果無法掌握，自己最想達成的願望絕對會一再落空。

當我們重新思考應該學習什麼的時候，通常會覺得時機太晚且希望太過渺茫。人們通常會謙和地假設絕不可能教會自己那種一但缺乏就得付出沉重代價的情感技能，也不可能去教任何人愛或智慧、滿足或善良。

這種抗拒會讓人類付出巨大的代價，代表每個新世代都必須再度解決理論上前人已經處理過的課題。每個在深夜哭泣的年輕人，都不得不再次面對理論上已經眾所周知的問題，例如：失戀、找工作，或處理與善意父母間的受損關係。我們正在強迫自己重新發明輪胎和發現火。

在學校裡，把學習重心放在各地冰川和各種運動定律，成為對仁義道德和家庭和諧法則一無所知的藉口；學習近代歐洲法庭上的糾葛，更讓我們忽視了花時間認識自己的憤怒或絕望史的需求。

本書原文出版社「The School of Life」（人生學校）正是在這種背景下創立的。它的名字及實際作為都在提醒我們——**學校要教的遠不止目前的課程內容，而必須要再包含一切會破壞成年生活的事情。**

本書書名《那些學校忘了教你的事》強調「忘記」並非巧合，這個詞讓人注意到，我們實際上是任由現行教育將人生的重要課題排除在外。

這種情形更容易被認為是湊巧，只是一時疏忽和偶發事件。但又沒有夠好的理由或吸引人的理由可以解釋，為什麼我們必須要這麼久才發現學習這些課題可能會帶來改變，而且在有出色啟蒙說明和理論的前提下，我們也沒必要在黑暗中跌跌撞撞、自行摸索。

有些我們必須忍受的痛苦是不可避免的，然而「人生學校」的論述前提是——**如果做了正確的功課，我們能避免的麻煩會比自己想要避開的還多更多。**

目錄

Lesson 1.

人生要成功，不能只當乖乖牌

從一個非常容易受影響的時期開始，我們就深刻認知到，學校對於誰會成功、誰會誤入歧途具有最終決策權。這種狀況可能會持續很久，直到出現更複雜的道德問題——從長遠來看，在學校表現好的人，往後的人生未必表現出色，反之亦然……。

我們幾乎無法期待學校有任何貢獻，它最精通的一件事，就是巧妙地強力傳達一個訊息——**學校應該在各種美好生活裡，扮演很重要的角色。**

從小到大，學校都告訴我們，最切實遵從它命令的人將會成功；相對地，堅持懷疑、反抗、咒罵、蔑視它的人將會失敗。從一個非常容易受影響的時期開始，我們就深刻認知到，學校對於誰會成功、誰會誤入歧途具有最終決策權。

當憂慮的父母試圖平息對自家寶貝、嬌弱的孩子以後會變成什麼模樣的恐懼時，孩子在學校的表現會被認為是可靠的指標。只要孩子能被勸誘準時做完功課，父母對孩子健康、金錢、地位、愛情、友誼、名譽的無盡憂慮，保證會消失無蹤。

父母的嘮叨則出自於恐懼，是對於在特定時刻能保證孩子未來的「學期成績」感到緊張。當歷史老師說有個學生在「美國南北戰爭」的考試表現完全是天才等級時，那人要有多穩重才能不喜形於色；而被數學老師指出畫好的分布圖很草率馬虎時，那人又要有多穩定才能不驚慌？

有著建築物、老師和各種典禮及儀式的學校組織，不只授予我們一些國家認可的證書，還聲稱掌握著生活的必修課程。

這種狀況可能會持續很久，直到出現更複雜的道德問題——**從長遠來看，在學校表現好的人，往後的人生未必表現出色，反之亦然**。往昔十分清楚怎麼寫作業可以拿高分的明日之星，現在可能正在質疑選擇的道路是否能替自己帶來幸福或外界的認可。他們可能無精打采、漂泊不定、無法建立正確的友誼，或著有著孤獨或放縱的人際關係。他們在似乎本來註定會成功的路程上，遇到了麻煩。

看到這裡，我們不該太過驚訝。

設計學校課程的人，本來就不一定經歷過太多學校以外的複雜之事，或善於處理這方面的事件。學校課程設計的本意，並非要貼近學習「能充實成年人生活」的決定性元素。

從歷史上來看，課程規劃者的智商經歷數百年的演進，偶爾有點受到一系列力量的影響，包含：中世紀修道院課程、十九世紀德國教育家以事實為學習之本的想法，以及古希臘人對語法和邏輯的重視……而教育普及到公眾生活，也不過才幾百年。光是為每個人找到一個採光好的房間、一個座位、一位適合的老師和一本練習簿，就需要很多努力。對於找出真正的功課，我們才剛看到些微曙光。

這有助於解釋一些有問題的思維習慣——雖然最後學校還是會對學生灌輸這些習慣。學校目前所能做的，就只是可以提醒我們已經知道的最重要的事。它們會不由自主地警告我們提出創見的危險；它們有一整套既定數量的主題要與我們討論，而且必須多少分散我們的注意力，以免偏離它們的想法太多；它們教我們調整既有的概念，而非提出創見；它們教我們達成期待，而非改變願望。

一直以來，學校教我們尊重權威人士，而非去猜想其他具有啟發意義的事——也就是說，在很多領域中，沒人真的了解實際發生了什麼事。它們希望我們舉手等著被選擇就好；它們希望我們不斷尋求別人的認可。它們教導我們所有東西，但對成年生活品質具有決定性影響的兩項能力——懂得如何**「選擇適合自己的工作」**和**「建立令人滿意的關係」**卻隻字未提。

「學校在教導我們核心主題工作與愛情前，會先教細胞分裂和測量圓周長度。」

當然，我們的人生要成功，所需要做的並非對在學校考不及格感到憤怒。叛逆者也沒有多聰明，他們會對老師發毒誓、染頭髮、在廁所抽菸，經過多年消極的抵抗，最後在一個衰退的城鎮找到一份普通工作。

美好生活需要我們做兩件相對棘手的事——**知道如何遵守規則**，以免捲入對權威的不必要鬥爭；同時，**永遠不要太盲目或太順從**地相信自己被要求研讀的所有東西之長期正確性。**我們需要外在順從，內在具有辨別力。**

我們最需要做的，是記得要徹底離開學校。

嚴格來說，多數人十八歲後就離開校園，這件事通常會讓我們印象深刻，而且帶有許多儀式和情感。然而，很多人其實根本無法在那個時候就完全離開學校。我們內心深處，可能直到成年都還流連、停滯在當初的教室裡，我們的思想運作方式仍被禁錮在以學校為基礎的世界觀內，產生很多且不必要的不開心，並對此妥協。

一開始，學校最主要的世界觀就是要我們相信「當權者知道自己在做什麼，而其他人的任務就是服從」。當事情順利進展時，學校也讓我們覺得所有工作應該要像以前的家庭作業，讓人感到厭煩、無趣和有點沒意義。

學校教我們忘記或忽略無聊能提供給我們的線索，而且教給我們的耐心根本就是危險程度。

一直以來，學校都告訴我們權威是「好的」，「他們」（那些大家都認識的核心領導人物、大人物）想要提供對我們有益的東西，並且替我們的長期利益發聲：「我們會照看您。如果您跟著我們的規則，就會成長茁壯。考試（和後面的其他測驗）基本上是準確的。『他們』已經完成對您最終的評價。您就代表了您的分數。」

我們不用坐在教室裡上地理課，也會被這種思考方式束縛。我們可能待在像比利時營銷花園家具的辦公室裡，而且或許還有了孩子，看起來就像個成年人，但內心仍在想著要通過「考試」，並贏得獎狀。

打破常規意味著什麼？最終離開學校代表什麼？其實就是要知道，權威人物所制定的成就途徑並沒有保證成功。「他們」並不知道，（謝天謝地）根本沒人知道。

「安全的途徑或許對我們的繁盛之路充滿危險。」

無聊是個很重要的工具，告訴我們正在被什麼慢慢扼殺，並提醒我們時間短暫。

在定義上，權威並非「好的」。老師對我們並沒有真正的規劃，除非是剛好可用來提升他們自己。看起來像是他們想要我們變得很棒，但其實只是把我們當成替他們掙得利益的棋子。最後，他們也沒給我們應得的獎賞，只會給一張五顏六色的卡片，把我們送到高爾夫球場或墳墓裡，而這可能已經浪費了我們的生命。

我們不應該因為花了這麼久的時間待在學校裡，就覺得自己倒楣。學校是一個令人非常印象深刻的體系。在我們沒多大的時候，就已經入學。十幾年來，我們所知道的全部外在世界就是學校，我們最愛的那些人都說我們應該要尊重它。它不僅對自身充滿信心，對一般生活也是。

我們之所以得進學校，是為了替自己整個人生做準備。但它的主要作用其實是讓我們替再次入學做好準備；這成了一種教導我們如何在極度特殊規則中成長茁壯的教育，但其實與外在世界只有很些微的連結。

當我們了解這一切之後，可能會想做一件聽起來很奇怪的事——無論現在幾歲，不管是二十八歲、三十五歲或六十二歲，我們終於鼓起勇氣離開了內在的那所學校，開始學習自己具有天賦的東西，並正視自身的幸福。我們可能已經逃避這些真正的核心主題太久了。

NOTE

我們需要外在順從，內在具有辨別力。

Lesson 2.

甩開慣性「否定」，你能自己做決定

我們不再是那個把好玩的東西都塞進嘴裡的嬰兒，現在的我們會環顧四周，猜想：「這樣可以嗎？」而通常我們不用多想，就會直接假設可能不行，即使沒有收到積極的禁令，也會抑制自己的衝動……。

在我們誕生之初，沒有什麼比「需要他人同意才能去做某件事」這個想法更令我們感到奇怪的了。我們只是試圖馬上做想做的任何事——當地毯看起來好玩，我們就去舔一下；當貓惹怒我們，就大力拉牠尾巴；當對插頭感到好奇，就把手指伸進去；當想知道東西落地是什麼聲音時，就推它一下。

我們試圖馬上獲得一切，否則就**尖叫**。

不過很快地，我們就會收到許多相反的訊息。不能只是想做什麼就做什麼，拿東西之前都要先詢問一下、你想要的東西可能是別人的、你必須得到對方的許可、很多你想要的東西可能傷害到他人。你需要少動手，多思考。

事實上，很多你想得到的，可能都只是個糟糕的念想。我們會被回以縱容的微笑，搭配聽過數萬次的這類話語：「不可以，那是別人的。」「不可以，我們不在這裡做這件事。」「不可以，這樣很不好……。」

「不幸的是，最令人興奮的新點子似乎都在不斷挑戰既存規則。」

很顯然地，你不可以把收音機綁在倉鼠的身上、不可以只吃蛋糕當作午餐、不可以把兄弟埋在沙子裡，更不可以在別人腦袋鑽個洞來聽他們的想法。

不只如此，我們還學到一些有關時間安排的要事——功課做完再說、明年、等你成年之後……似乎沒有不需要無限長時間等待的情況。因此，在我們成長過程中，會有很多背景想法，如：我們被允許做什麼、我們渴望的是什麼狀況，以及善良和好意可能展現在什麼地方。我們知道自己得要經常與父母聯繫，確保已經獲得他們的同意，才能騎腳踏車去商店；我們更換學校科系前，需要先問過父母意見；我們在課堂上開口之前，需要先舉手；就連去看醫師也要先獲得教授許可。在大學裡，我們的論文題目需要獲得批准；工作時，也要跟人資部門確認下午是否可以請假赴約。

就算在私人生活中，也充斥著禁令。我們不能就這樣結束關係，尤其是當已經有假期計畫時。現在我們生活在某個國家，搬到另一個國家去會顯得很奇怪，而且也很花錢。儘管對某事不是很滿意，但就看我們誰會蠢到去改變。

我們不再是那個把好玩的東西都塞進嘴裡的嬰兒，現在的我們會環顧四周，猜想：「這樣可以嗎？」而通常我們不會再多想，就自己先假設可能不行，即使沒有收到禁令，也會抑制自己的衝動。**我們將經歷過的數百萬次否定都內化了**。

當個好的成年人，等同於要對自己的需求發起戰爭。我們非常善於保有耐心，但也對自己的慾望產生內疚感。我們知道自己的需求可能對他人造成很大的傷害。我們尋求老師、老闆、政府、或許還有上帝的許可。我們猜想大多數已經具有定義的東西、什麼是合情合理的；如果某件事現在還沒發生，那一定有個很好的理由來說明為什麼未來也不該發生。就算心裡有個目標，我們也總是小心翼翼、避免急躁，要自己等個一、兩年再說，而不是冒險輕率行動。

這種態度在某些方面來說很有幫助，我們會知道如何將自己從一些更會產生反效果的慾望中拯救出來。諷刺的是，其實當我們年紀越大，需求也就越不容易變得愚蠢、虛榮、討厭或沒耐心，而最後，就成了齣靜默的悲劇。

我們可能很想要一些非常有意思、對自己十分重要的東西。然而，當我們在商場很想喝掉整個巧克力噴泉時，我們會以同樣嚴肅、激烈和嘲弄的態度來討伐自己，就像多年前我們被養成的那樣。

正因為我們的需求變得更加正當，但我們反對它們的論點仍會隨著幼兒時期的懲罰力量被挑起。所以我們可能會想創業、想分手、想換個城市、想過另一種生活方式、想讓家裡擺設大不相同或重新安排假日活動，但實際上卻根本沒有動手去改變。

我們可能需要很久才能明白，適合約束自身慾望的規則，可能與我們從小就相信的看起來非常不同。

❶ 我們想要的東西未必很蠢

我們的需求不一定是愚蠢的。我們可以有非常遠大但合理的夢想。

❷ 我們想要的東西未必有主人

我們只能伸手去拿，獎品可能就屬於勇於上前領取的人。這可能歸結於想像它或許是我們的勇氣。

❸只是沒有做，不代表不應該做

某些想法沒落實的原因不一定是因為不合理，而是因為人類行為總是強烈缺乏原創性。我們畢竟是遵循傳統的生物。**不存在不代表不可以或不應該，只是每個人都還在等待許可。**

❹或許等得更久也沒受到更好的對待

我們的時間有限。我們的需求不會因為被推遲就奇蹟似地變更好，立刻就想要可能更合情合理——決定我們可以在二十四歲時寫一本書、十七歲時創業，或在五十二歲時結束一段關係。生命不是永恆不止，在日落前，我們可以試著去做立刻想做的事。

簡而言之，我們需要一種全新的慾望哲學。我們得傳達一個非常令人驚訝的訊息，給自己內在那個仍然嚴格地監控著衝動自我的明理的十一歲孩子——

「需要尋求允許的時間已經結束。」

宗教和政治的某個特徵和學校教育及個人心理學一樣，就是我們認命的心理結構。在人類大部分的歷史中，人們慣於相信必須透過犧牲、特殊儀式和祈求來獲得統治宇宙的高階神祉和力量之允許。

羅馬神話告訴我們，公民一開始是如何無法決定要在哪裡建城，而且在收到眾神的旨意前，不願意開始建造。眾神的旨意最終以十二隻鳥飛過帕拉蒂尼山（Palatine Hill）的形式傳達到來。在計畫確實獲得神祉允許後，這些未來的羅馬人最終在許多代之後，獲得對已知世界的控制權，而這正意味著，如果他們未獲得眾神許可就先行作業，這座城市將永遠不會繁榮。

我們可能會假設自己不認同上述這種被威嚇且未開化的世界觀，但我們潛在的態度以基本方式表明了我們的認同。我們儘管不是很清楚自己是在問誰，也說不太出獲得許可的樣子，但腦中仍會有一個過時的部分，還在等待許多非常重視的計畫獲得認可。

我們想從一些有說服力但無法言說的來源知道，如果採取行動，我們也還是好人，不會被懲罰，我們的行動是得到允許的，不會害自己遭到報應或給宇宙帶來麻煩。

當然，事實上永遠不會有可以讓我們完全放心或允許我們在成年生活中採取多數行動的暗示。沒有宇宙權威會允許或皺眉不滿、生氣、懲罰我們，我們得要靠自己。沒人能像父母那樣告訴我們：「沒問題，可以繼續往前走。」或是跟我們說得要坐下來再等五年。我們成熟的世界觀是真正無神論的，是一種有點疏離、更冷酷的現實想法。

宇宙對我們沒有計畫——它不在乎我們做了什麼或為什麼要這樣做；它不會懲罰我們的過錯或獎勵我們的美德。**我們是獨立的，可以自由地做決定**。

俄國大文豪杜斯妥也夫斯基（Fyodor Dostoevsky）在著作《卡拉馬助夫兄弟們》（*The Brothers Karamazov*）中的重要段落反映，如果沒有上帝，一切都會被允許。他害怕無政府主義的自我放縱，但他的擔憂也有更愉快的一面——事實上，所有對我們來說重要的事都已經被允許（法律允許）。我們只能對自己做最徹底地了解、對我們的自覺和對我們最高貴的意圖負責。

啟發人心的是，發明家和藝術家為我們的文化深深著迷，他們堅守立場，強烈反對當前的流行觀點。最終，證明他們是對的，即使當時他們已經不在人世。我們受到他們的生命故事所激勵，因為我們無意中在他們身上發現自己失落的東西——對許可的大膽漠視和對膽怯的拒絕。心酸的是，最受歡迎的葬禮歌曲是美國歌手法蘭克·辛納屈（Frank Sinatra）歌詠成熟獨立的著名歌曲〈我的路〉（My Way），這不是因為許多人真的能在不需要許可的狀態下過生活，而是最終我們非常希望自己曾有過這樣的日子。

NOTE

宇宙對我們沒有計畫——我們是獨立的，可以自由做決定。

Lesson 3.

世界不繞你轉，不必擔心他人怎麼看

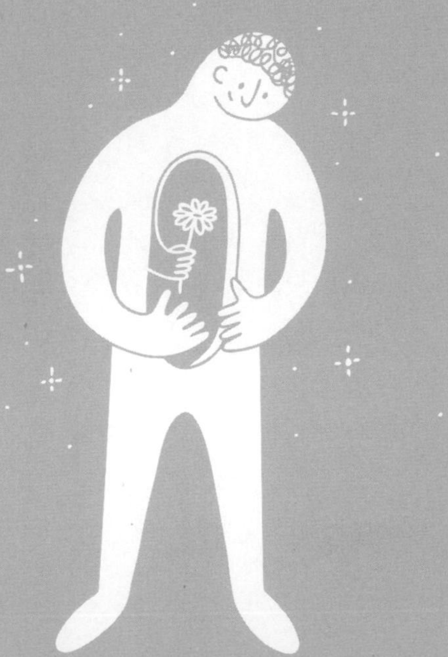

我們意識到自己在廣大世界裡的微不足道。我們穿越對我們一無所知的人群，他們在人行道上推擠我們，把我們當成前進的阻礙。大卡車呼嘯而過。現在沒人會拍拍我們的頭或幫我們擦口水了。在高樓和明亮閃爍的廣告招牌下，我們顯得很渺小……。

我們人生的開端往往都很一般，就是被關心著我們的人圍繞著，沒什麼特別有代表性的經驗。

初生的我們從夢中醒來，帶著困惑睜開眼，可能會看到一、兩個慈祥的面孔，正很溫柔、很關心地注視著自己。他們看著口水慢慢從我們嘴角冒出，急忙將它擦掉，動作輕柔得彷彿撫在珍貴畫布上，然後放縱地摸著我們嬌嫩頭皮上的細軟髮絲。當我們終於露出第一抹微笑時，他們嚷喊著真不可思議；當我們邁出第一步、咯咯發笑、搖擺前行，並在跌倒後試著勇敢站起再度前進時，贏得了許多掌聲；當我們努力說出自己名字時，他人會對此驚訝和讚賞。

小時候，大人會在下雨天時確認我們有穿上雨鞋；他們會隨著我們喜歡的歌圍在我們身邊跳舞；我們難過或不舒服時，他們替我們蓋好被子，還唱歌給我們聽；當我們焦慮時，他們也會很敏感地試著找出問題所在。

這些事不只在家中發生。在學校，當我們遇到困難時，最好的老師會鼓勵我們；他們知道我們可能會害羞；他們熱中於發掘和激發我們特殊才能初始、剛萌發的跡象。

奶奶也不遑多讓。她把我們的照片放在廚房，總是對我們的藝術才能感興趣，有時候就好像只有我們到訪的日子，她的生命才鮮活有意義。

就算是全然陌生的人，偶爾也會對我們很感興趣。市集上賣炸鷹嘴豆泥蔬菜球的老闆說我們很棒，還送了我們一份鷹嘴豆泥；也有不少老人曾細細打量我們，微笑著說我們可愛。這樣當然很奇怪，但（現在）也不是完全出乎意料。不是我們驕傲或自大，而是這本來就在預料之內了。

後來，我們長大了，並且被引導進一個可怕的現實中——

「我們生活在一個對自身一切所思、所言或所做所為幾乎都漠不關心的世界裡。」

當我們正處於青少年晚期時，這點正中要害。我們可能正待在大學宿舍，或夜裡獨自徘徊在城市街道上，當這個現實全力向我們襲來時，我們意識到自己在廣大世界裡的微不足道。我們穿越對我們一無所知的人群，我們的福利與他們無關。他們在人行道上推擠我們，把我們當成前進的阻礙。大卡車呼嘯而過。現在沒人會拍拍我們的頭或幫我們擦口水了。在高樓和明亮閃爍的廣告招牌下，我們顯得很渺小。**我們可能會死無人知。**

這可能是個粗暴的事實，而當我們只關注最黑暗的面向時，情況更是如此。我們仍為自己有多微不足道而憂傷，然而我們會停止對它進行哲學思辨，將自己從另一個一直令人苦惱的問題中解救出來——一個具有持續性、高度腐蝕性的自我意識。

我們內心的另一面，根本無法接受別人對自己冷漠。事實上，我們知道這一點，並苦於他人對我們的看法（我們自以為別人是這樣看待自己的）。例如，當我們請服務生添加多一點牛奶時，會非常擔心自己的聲音聽起來有多緊張且奇怪，我們很篤定服務生已經注意到我們的肚子有多凸；我們獨自在餐廳用餐時，認為其他人一定會一直想我們為什麼沒朋友；接待人員會想著我們的穿著打扮配不上他們餐廳，還可能沒錢付帳。在工作上，我們會認為其他人還在想著上個月我們提過的那個關於美國銷售策略的蠢事。我們會想著，四前年和自己上過床的人，一定到現在還用某種有力的不明方式對我們懷有惡意。

我們真的沒有任何證據證明內心所想，但這就感覺像是一種情感上的篤定。直覺上，我們很清楚自己的愚蠢和不太令人印象深刻的那一面一直都受人關注。同時我們偏離這個世界所認為的正常、正直和高貴的每一種作為，都得到廣大支持者的標記。「他們」可以說出我們撞到門、打翻了東西、記錯了奇聞軼事，還想炫耀弄在頭上的怪東西……。

為了將我們從這種苛責性的敘述之中解放出來，我們可能得特地進行思維訓練；我們必須要為自己設定一個挑戰，檢測我們在他人身上或為他人的愚蠢花過了多少時間。我們對不熟之人的看法及感覺，或許是了解普通人類想像力運作的最佳指南——對世界其他地方的人來說，我們和陌生人或偶然相識的人一樣，所知道的和應對的方式都來自日常經驗。

這裡要說的結果可能令人驚訝。想像一下，要去二十樓的我們站在電梯裡，旁邊還有其他人。他們認為我們覺得他們身上的夾克怪怪的，也知道他們應該要選另一件，因為穿這件讓他們看起來呆呆的，而且太過合身。但事實上，我們根本沒注意到他們身上的夾克，其實我們根本不關心他們的死活。我們只是在擔心昨晚跟愛人提到媽媽感冒時，對方的反應。

◇

在一場兩小時會議的尾聲，我們察覺某位同事的髮型今天有點不一樣，卻又說不出個所以然——儘管他的確花了大錢剪頭髮，而且為了找間特色髮廊做了不少功課。

◇

我們看到某人下巴有道小疤。而他心裡正在害怕看到這道疤的人都會以為那是家暴造成，所以對此憤憤不平，非常想回家躲起來。然而事實上，我們根本不知道這道疤的來歷（其實那是他上個月騎腳踏車出意外造成的）。我們只是忙著試圖撰寫出逾期未交的報告和對付另一場使人精神衰弱的偏頭痛。

◇

在一場聚會上，有位社交場合的熟人說了他和另一半為何分手。他認為這對我們來說會是個大新聞。這使我們得試著調整出適當的表情——他這是從一場不幸的婚姻解脫出來？還是被深愛之人背叛？我們不知道，而且事實上，我們只想回廚房去找其他朋友。

◇

兩個來自不同辦公室的人在外開會後上了床，隔天早上吃早餐時，兩人都尷尬、臉紅了，以為每個人都會以他們道德有損評價他們。但我們沒有——我們只關心回家的火車；我們不知道別人該怎麼過他們的生活。

換句話說，當我們學會以自己的內心為導向時，會更精準、更不偏頗地知道……

「在一般友好情況下，其他人遇到我們的時候，對我們根本不會有太多的想法。」

一五五〇年代，文藝復興時期畫家老彼得・布勒哲爾（Pieter Bruege

the Elder）繪製了一幅名為《伊卡魯斯的墮落風景》（*Landscape with the Fall of Icarus*）的作品，表現了注定要失敗的神話人物的最後時刻。

這幅畫的天才之處和恆久課題是——溺水的伊卡魯斯的命運，在畫布上被嚴重淡化。人們必須要很仔細地凝視右下角某處，才能發現那名拚命掙扎的垂死希臘人和他搖晃的四肢。這幅畫的中心是一名引導馬匹的快樂農夫和照看羊群的牧羊人，遠處則可以看到繁華的城市和進出港口的船隻。每個人都很平靜，絲毫沒有察覺到正發生在伊卡魯斯身上的悲劇。陽光仍舊閃耀著。

這幅畫的表現在某個層面上令人震驚，但在另一個層面上又是極大的救贖，傳遞出極好和極壞的消息——一方面，我們死的時候沒人會注意到；另一方面，我們打翻東西或髮型沒弄好時，也絕對沒人會注意到。

會這樣子並非我們或其他人很可惡。我們並不是絕對沒有關愛之心，如果看到陌生人溺水，我們也會下水救人；如果朋友難過哭泣，我們也會

《伊卡魯斯的墮落風景》（約一五五八年），老彼得·布勒哲爾繪。

憐憫他們。只是在多數情況下，我們需要**過濾**。

我們之所以每天會缺乏關愛之心，完全出於合乎情理且可以被原諒的理由——我們需要將大部分清醒時的精力花在操控和妥善處理與我們自己有利害關係的事情上。

一旦我們必須考慮自己的愛情、事業、財務、健康、近親、子孫、朋友、即將到來的假期和家庭狀況，就沒有什麼時間來反思客戶忽然提高的音調或同事的穿著打扮了。

我們將好的一面歸因於對「若非如此會是場悲劇」的洞察力。

我們不應該只是一味地忍受他人的冷漠不關心，應該還要在重要的事情上適當回擊；**我們不應該只是苦於被忽視，應該還要接受被忽視所帶來的解脫。**

然後，我們反過來應該要更勇敢地踏上總是有可能犯傻的情況和冒險——新開發的業務、浪漫的邀約、在會議上提問……。我們可能會失敗，但我們可以帶著新的必然性相信，幾乎沒有人會在乎我們做了什麼。除此之外，這個想法還可能有助於我們成功（就如同我們現在所知，不論如何，根本沒有人會太注意或關心）。

NOTE

我們應該要接受被忽視所帶來的解脫，反過來更勇敢地冒險。

Lesson 4.

別人未必懂得多，給自己的想法更多尊重

多數人並沒有（如我們所想的那樣）搖搖擺擺地走在傲慢邊際上，而是苦於對自身的思考權利有著過分審慎的評估。無論這聽起來多麼讓人難以置信，我們運作思想體系的元件基本上和亞里斯多德、佛陀、莎士比亞一樣⋯⋯。

我們生命起始之時，身邊的人懂的都比自己多很多。對四歲的孩子來說，一個普通的成年人就是智商超高的奇蹟。他們知道怎麼開車、用幾種語言打招呼、用信用卡付餐費，還能講述誰是拿破崙。對在這星球上只生活了幾個夏天的孩子而言，這些都是難以理解的奇蹟。

於是整個正規教育就像是追趕的過程——我們必須吸收父母和老師幾十年來累積的知識和技能。一個重要的假設被深植在我們發展中的頭腦裡：**「我們不知道，但他們知道。」**

當我們成年時，本能服從的有利一面，表現在我們相信專家的意願上。我們不知道應該對家庭用水的品質進行哪些檢測，但我們相信負責水庫的人知道自己在做什麼，所以我們可以不經檢測也毫不焦慮地從廚房水龍頭接水飲用。我們不知道飛機需要多少燃料才能安全地從杜拜飛抵新加坡，但我們相信航空公司的工作人員會知道，所以我們可以在機艙座位上高枕無憂。

在一系列科技和科學的問題上，我們向其他人提出懷疑，但沒有任何查驗證據或掌握複雜論點的自主能力。他們知道，而且我們很高興地假設他們必定知道。

然而，我們生活中的許多問題，都可以回溯到這種服從形式的延伸，像是面對並非天生擅長的領域，以及妨礙我們提問和解釋需求的部分時。在我們心裡，可能有很多東西讓我們不斷覺得不合邏輯、不必要，或對目前世界的運作模式感到難過。

有時候，我們覺得自己已經了解某個情況，或是能以似乎令其他人困惑的清醒或智慧在解讀困境。我們可以在不尋常的時間裡清醒過來，對下一步做什麼是正確的和有益的有著深刻想法，但是我們知道，這不會得到任何圈內人的支持。

面對心裡原先設想的結果和相反的結果，我們可能在短暫抗爭之後，便會默認自己的立場傾向於「我們不可能是對的」、「我們的錯誤一定是有原因的」，或是「別人當然會比我們還理解某些複雜且常常讓人遺憾的事」，僅僅因為他們總是遇到。這對我們而言似乎不太對，但最終又有什麼關係呢？總有人會知道……。

即使有些人並不「相信」耶穌誕生的故事，但這個故事也深刻暗示了平凡中的不平凡。上帝之子不是出生在僕人和鍍金家具圍繞的宮殿裡，而是在充滿動物低嚎聲和乾草及糞便味的農用小屋裡。

在十五世紀羅伯特・康平（Robert Campin）所繪的一幅場景畫中，有著一團亂的穀倉、搖搖欲墜的屋梁，大部分的屋牆都不見了，戶外天空多雲陰沉，樹木光禿禿；感覺就像是我們平凡世界裡一個普通日子的普通角落。然而，正如最初賞畫的人的強烈感受，人類歷史上最有意義的時刻剛剛展開。

這個故事有助於我們推斷出一個寓意——**不凡的事物，包含不凡的思想，幾乎可以在任何地方出現。**

平凡中的不平凡：《耶穌誕生》（*The Nativity*，約一四一五年至一四三〇年），羅伯特．康平繪

「好的想法不一定誕生在宮殿裡。」

也不一定是在高級研究機構、政府智囊團或備受推崇的教授的腦袋裡，它們可能現在就出現在我們這種普通人在廚房裡忙碌時，或在去買洗衣粉、寄信的路上。我們居住的平凡世界並沒有與好的想法分開，在這裡，好的想法會不斷浮現我們的腦海中，請求我們好好培養到成年。

多數人並沒有（如我們所想的那樣）搖搖擺擺地走在傲慢邊際上，而是苦於對自身的思考權利有著過分審慎的評估。無論這聽起來多麼讓人難以置信，我們運作思想體系的元件基本上和亞里斯多德（Aristotle）、佛陀、莎士比亞（William Shakespeare）一樣。我們可能會假設他們的非凡貢獻一定是經歷非常特別的教育過程或某種「天才」所得來的結果，但我們事實上比以往任何時候都能更好地閱讀和獲取資訊，而且我們的工具其實類似。關鍵因素既不是思想素養也不是訓練，而是一個人**可以相信自己有能力做到什麼**，至於限制因素則是**精神上的自卑**。

十九世紀美國作家拉爾夫．沃爾多．愛默生（Ralph Waldo Emerson）曾抗議我們對天生的菁英階級思想家的不民主假設，並試著提醒我們自己與最聰明的人有多少共同之處，他寫道：「在天才的腦海裡，我們能重拾自己曾遺失的思想。」

換句話說，所謂天才的想法其實與我們並沒有什麼不同。他們只是學會用不同的方式評價想法。他們有勇氣堅持想法，即使恰好與大多數人的不一樣。

出現「沒人真的知道」的概念，並不是對合法權威的某種無禮或報復性抗議。有信心去想像我們可能知道某些他人尚未意識到的事情，這對我們堅持和發展才智的洞察力很重要。

我們已經太過客氣有禮太久了，一直都不願意想像就算在相當重要的重點上，「他們」也可能被誤導。例如：我們不敢想像擁有頂尖大學博士學位的校長，其實對落實教育的真正根源了解不多。或者，以建築物為例，我們總假設當一座建築物贏得重要獎項，它必定真正代表了建築的理想未來，即使我們自己私底下認為作品虛偽造作。儘管建築的最終目的是令人感到滿足快意，但我們認為自己精心琢磨、清晰表達的反應，可能會對減損這個觀感具有決定性的關聯。

我們結婚、教育孩子、賺錢、廣告和新聞報導的方式，都不是建立在不可侵犯的自然法則上，一切都可能已經成熟到可以被質疑和改進的程度。如今我們的問題變得複雜，因為教育體系一開始就讓我們以為——如果想了解某事，正確的做法是去閱讀其他人對該主題的談話。在這個過程中，我們自然而然就會放棄一個公平且往往更豐富的洞察力來源——**我們的自身經驗**。

舉例來說，如果我們想了解愛的本質，可能不需要攻讀心理學學位；因為我們曾經有過戀愛經驗，腦中已經掌握了相關資訊，所以知道愛和被愛的富足程度不是其他數據資料可以比得上的。

我們應該要尊崇密切關注自己所思所感的技巧——精準回憶並檢查自身情緒的細微波動。我們要想真正了解一個議題，需要的可能不是上圖書館，而是出門散步一陣子，或是慢慢地洗個澡，因為在做這兩件事時，我們可能比平常更會去思考自己的想法。

如果我們試著列出沒人知道的事，通常會涉及一些很神祕的問題，例如：黑洞的內部構造、邏輯規則如何在腦內編碼、一般稱為「偽狄奧尼修」（Pseudo-Dionysius）的古典作家的真實身分，或最大質數是多少。不過，更精準的說法是——沒人知道現代生活中許多最迫切的事。

目前尚未解決的問題包括——

- 如何讓婚姻幸福成為常態。

- 如何建造如法國土魯斯（Toulouse）和西班牙塞維利亞（Seville）市中心一樣優雅迷人的城市。
- 如何正確自我教育。
- 如何確保我們最終做的是自己真正喜歡的工作。
- 如何進行質和量上都更有趣的對話。
- 如何更確實地結合利潤和品德。
- 如何利用自身的創造力。

知識尚待探索開發的領域離我們並不遙遠，其實就在我們的臥室、餐桌周邊和我們所在的街道上。

其實並不是所有重要的事我們都知道，某些生活中很基本的事要怎麼做，我們也還仍然一無所知。儘管嚴謹知識非常受歡迎，但它是更大、更黑暗競爭領域中的微小光明點。這應該是解脫而不是絕望的原因。

為了讓我們的思想得到應有的真正尊重，我們可能需要學會**不那麼尊重其他人的想法**，甚至或許要有點粗魯無禮。十九世紀的德國哲學家亞瑟．叔本華（Arthur Schopenhauer）主張假設自己遇到的每個人幾乎都是白痴，這樣就不會太注意他們，讓自己能自由自在地規劃自己的路線：「如果音樂家知道聽眾幾乎都是聾子，還會因為他們的熱烈掌聲而高興嗎？」

在認為「他們」很聰明這麼久以後，如果我們想要公正地對待自己，開始把「他們」當做偶爾、很好的、不是那麼關鍵的求助對象，現在也許正是時候。

NOTE

「非凡想法」的關鍵因素既不是思想素養也不是訓練，而是一個人可以相信自己有能力做到什麼。

Lesson 5.

為何你會這樣愛？童年有答案

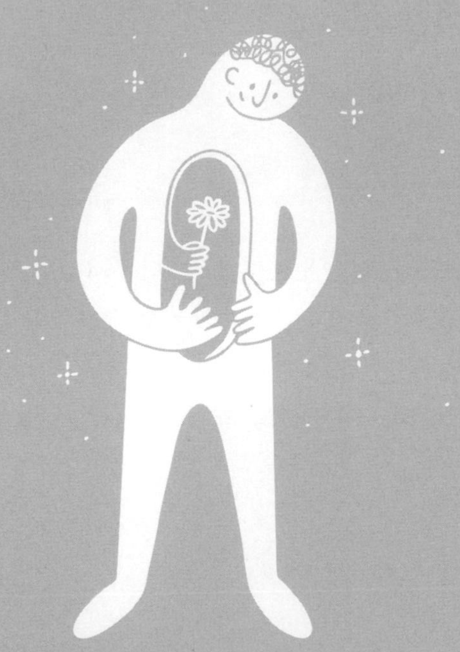

艱困童年的遺緒蔓延到成年生活的每個角落。幾十年來，不快樂和悲傷似乎變成了常態。人們可能要直到進入成人期，或許事業被徹底搞砸，或許經歷一段令人沮喪的戀情，才可能開始思考過去發生在身上的事和自己成年後活得如何之間的關聯……。

在童年時期，也許沒有比受教育更重要的事了——小時候，我們必須以特殊精力來推動自己進行課業學習，並獲得有助於我們成功避開成年生活陷阱的經驗。透過努力和聰明學習，我們在中年時，將能擁有避開困惑和隨波逐流、遺憾和悲傷的最佳機會。我們被反覆告知，成年生活的成功線索在於童年教育。

正因為如此，我們在陰沉的冬日早晨將帶著鼓鼓書包的睏倦孩童送到一個整天只為了研究座標幾何、不定冠詞、英王愛德華六世（Edward VI）時期宗教和經濟變革對社會的影響，以及在但丁（Dante）《神曲．地獄篇》（*Inferno*）中，亞里斯多德哲學的地位——如此的世界裡。

在我們的做法中，有個很醒目的細節要注意。

有一個課題幾乎可以確定是最能教導我們、有助於在成年時避開危險的能力，並且引領我們實現富足充實——這個課題遠比其他課題在解放自我上更有決定性力量，但地球上任何學校都沒有教導。更諷刺的是，這個沒學過的課題是我們小時候每天都經歷過的；是我們明顯經歷過的一部分，就像空氣一樣不可見，像時間一樣難以觸摸，在我們周圍蔓延開來。

這個被漏掉的課題——當然就是我們自己的**童年**。

我們可以這樣總結童年的重要性——

「我們能否過上充實的成年生活，很大程度取決於我們對自己童年本質的了解及參與。」

因為我們成年個性的主要部分正是在那個時期塑造出來的，並也設定了我們特有的期望和反應方式。到了十八歲時，我們已經在父母或照護者的陪伴下，度過大約二萬五千個小時。這段時間最終決定了——我們如何看待愛情和性關係；如何實現工作、抱負和成功；對自己的看法（尤其是我們是否可以喜歡或必定厭惡自己的樣子）；我們應該如何看待陌生人和朋友；以及我們認為自己應該並可以合理獲得多少幸福。

更慘的是，就算未必有其他人為的惡意摻雜其中，我們的童年說得好聽點，也是複雜的。那幾年形成的期待，例如：我們是誰、愛情可能是什麼樣子、這世界可能想給我們什麼，都會被一系列稱為「扭曲」（distortion）的術語所標記——背離現實和理想的心理健康及心理成熟度。

某些事，或其實很多事，都會出一點小錯或朝著可疑的方向發展，讓我們在某些方面表現不如預期，而且表現得比實際情況更害怕、更退卻。例如：我們可能察覺到性愛與做個好人之間有所矛盾；或為了被愛而犧牲自己的利益。我們可能曾有一種印象，就是成功總激起父母之間的競爭。或者，我們總是需要變得有趣和無憂無慮，以鼓舞我們崇拜但害怕的憂鬱成年人。

根據我們的經驗，我們將會得到在成年後不知不覺中發揮作用的期望、內在「腳本」和行為模式。

某些關鍵人物在當時沒有認真對待我們——現在我們傾向於（但自己沒意識到）相信沒有人可以認真對待我們。我們過去需要試著去「修復」自己所依賴的成年人——現在我們被吸引（但自己沒意識到）去拯救所有我們愛的人。我們崇拜不太關心我們的父母——現在我們一再（但自己沒意識到）拚命討好冷漠疏離的對象。

我們童年的問題之一，就是他們通常被一種誤導性的暗示圍繞著，以為自己可能是理性的，但似乎無法去評論或思考發生在廚房、車子、臥室和假期裡的事。有很長一段時間，我們沒有可以和自身生活相比較的事。這只是我們所看到的現實，而不是一個充滿特殊偏見和非常危險且奇怪、有時候甚至是極度有害的狀態。多年來，爸爸十分絕望地癱在椅子上、媽媽常常哭泣，或我們自然而然就被貼上「不配」的標籤，這些狀況似乎都再正常不過。

每個挑戰彷彿都是場災難，或每個希望都得被譏笑所摧毀——這些狀況似乎都很正常。沒什麼可以提醒我們一個七歲的孩子因為父母之間出問題，而必須讓其中一人振作起來，是多奇怪的事。不幸的是，最奇怪的父母最不想告訴你的事，就是他們很奇怪。最奇怪的成年人投入最多精力的事，是認為自己和別人都知道自己是正常的。瘋子的本質就是非常努力地不讓自己被人當做瘋子。

於是這種「放任不思考」成為常態化，加上孩子的天性本就被驅策對父母有高度評價，即使這是以他們自身的利益為代價。

「奇怪的是，孩子總是認為自己不配且有缺陷，而非承認父母善變和偏心。」

艱困童年（真正意味著典型的童年）的遺緒蔓延到成年生活的每個角落。幾十年來，不快樂和悲傷似乎變成了常態。

人們可能要直到進入成人期，或許事業被徹底搞砸，或許經歷一段令人沮喪的戀情，才可能開始思考過去發生在身上的事和自己成年後活得如何之間的關聯。然後慢慢地，他們可能會明白，自己試圖「修復」成年愛人的習慣，是因為與酗酒母親的關係所致。經過數小時的討論之後，他們可能會意識到，獲得成功和做個好人之間並不衝突——這與一位受挫的父親曾經歸咎的原因恰恰相反。

我們可能需要一位善良且聰明的治療師在場，才能為這個童年提供一面鏡子，將其做為一個可以反思的主題帶入生活中。當我們討論幾十年前發生的對話和事件時（而且這可能是我們第一次這麼做），治療師可能會冒險地說：「那一定很難熬……。」或「可能有另一種做法……。」

學校教育的重點在於了解外在世界。現存的社會體制告訴我們，當我們掌握宇宙法則和人類歷史，就會取得最終且最佳的成功。

然而，為了徹底成長茁壯，我們還需要了解離家更近的東西。若沒有正確認識我們的童年，無論我們的條件多好、賺了多少錢、名聲多響亮，或在家庭表現上多歡樂，都注定會因為自己心理上的複雜性而失敗；我們可能會因為焦慮、缺乏信任、恐懼、偏執、憤怒和自我憎恨而完蛋。這些都是被扭曲和誤解的過去所遺留下來的。

好心的人有時候很希望知道，現在是否還沒證明心理學家佛洛伊德（Sigmund Freud）是「錯的」。狡詐且令人羞愧的答案是——基本上就他的洞察力而言，他永遠不會錯。他的持久貢獻是提醒我們**成年人情感生活的許多方面都與其童年經歷有關**，以及**我們如何因為不了解自己的歷史而生厭**。

在一個更理智的世界裡，我們根本不會懷疑「童年掌握著我們個性的祕密」這件事，而且甚至在童年時候就稍有察覺。我們會知道自己最需要專精的課題是「我的童年」；我們以優異成績畢業的證據，就是我們終於可以不設防地了解並思考自己如何有點瘋狂（不管程度大小），而且在遙遠的過去到底是什麼事讓我們這麼做。

NOTE

童年掌握著我們個性的祕密。

Lesson 6.

不必完美堅強，你生而值得被愛

我們可能已經變得很善於觀察改進空間，以至於讓自己面臨更大的危險——徒勞和種類過多的自我批評，以及沒有教給我們任何新東西的自責模式。它破壞我們的情緒，而且只激發了懷疑和表現不佳……。

多數人對於憎恨自己都很有一套。如果我們以對待自己的方式對待陌生人，可能會因為言行殘忍而被逮捕。

當我們低潮時，會去比較現在的自己和理想中的樣子，然後無法原諒自身與理想的差距有多大。我們時不時審視自己的親密史、追溯我們犯下的許多錯誤、想起我們令其失望的人，以及我們說過和做過的尷尬事件，並對自己的存在感到絕望。

有時候，一點點自我批評可能會是寶貴的工具。我們的教育體系明智地教導我們不要過快對自己感到太滿意，並且要評估自身的缺點。在課堂上，我們學會對反饋持開放態度，並努力改進自己的錯誤。

我們可能已經變得很善於觀察改進空間，以至於讓自己面臨對立與更大的危險——徒勞和種類過多的自我批評、沒有教給我們任何新東西的自責模式。它破壞我們置身人群中的情緒，而且只激發了懷疑和表現不佳。

我們需要重新學習**「自我慈悲」**（Self-Compassion）的價值，定期仔細思考一些可以糾正最糟糕的自責的想法。

❶ 失敗是常態

我們極度認為自己有責任要過上完美生活，但如果沒有達成，其實也不應該覺得驚訝，因為我們對自己和生活條件的了解太少，而想要好好生活，這些都是必須要件。

我們不應該對於常常在愛情和工作、友誼和家庭方面受到挫敗而感到恐慌，因為我們也沒有什麼必備工具好過上真正有智慧的生活。關鍵不在於我們是否會把事情搞得一團亂，而是在於情況有多糟和問題出在哪方面。

畢竟，失敗是不可避免的常態。

❷ 每個人都是一團亂

這並不是說我們特別笨。我們對自己的了解遠多於對其他人，我們看不到太多別人內心的騷動、羞恥和懊悔，這些情緒總會被巧妙地隱藏起來，我們沒有足夠的精力去揣測想像它們。

我們應該單純假設這些情緒其實存在。當我們看到一個穿著得體的成功人士大步走進門時，必須要理所當然地認為他們私底下有著苦痛的憂慮和懊悔、憤怒和極度絕望的時刻。我們可以相信他們走進門時還覺得自己彷彿白痴，而且大部分的生活都是一團亂。

我們之所以能理解這些，不是因為我們對他們知之甚詳，而是我們勇於了解和記住普遍的人性。

❸ 過去的經歷沒有給我們充足的準備

我們需要全面地省思自己的經歷，不只是所受過的挫折，而是整個人生歷程。

有些發生在我們身上的事情，是很久以前出自他人之手，這些事或許可以解釋我們現在的失敗——其實我們不能把自己的所做所為和形塑自我的一切都歸責於自己。

在某種程度上，我們是超出自己所能控制的那些力量的受害者。我們無法全面掌握自己，也不該因此對所有愚蠢言行負責。

❹我們的大腦非常有問題

我們生活中有許多棘手和痛苦的事，都可以歸因於具有決定權的關鍵器官「大腦」出了問題。

儘管大腦很厲害，但同時也是個很不可靠、盲目、健忘、誤導人的器官。它可以只因為某個人賞心悅目的笑容，就讓我們墜入愛河；它被設計成追求快樂大於責任；它讓我們恐懼不危險的東西，但在真正的大麻煩來臨時，卻不提醒我們。

大腦討厭反思經歷，沉溺於使人分心的事並避免所有引起焦慮但很重要的見解。

我們正用著很不稱手的工具在導航自己複雜的生活。

❺ 內在自我

我們的整體價值並不取決於外在事物。

我們的成就並不是全部的我們——物質上的成功只是我們的一部分，但我們還有其他部分，曾在我們童年時愛過我們的人都知道這些部分。在我們低潮時，應該回想那些人充滿善意且為我們全面考量的言語，知道其實還有其他條件讓我們能夠去愛。

我們可能是善良的、有趣的、機智的、敏感的、有想像力的……現代社會將值得愛與成功之間的關係掛鉤得太過緊密了。我們所代表的不只是我們「做」什麼；我們應該要被允許在不用擔心自己身分地位的狀況下，對自我寬容。

❻ 愛可能是什麼

我們的浪漫主義文化，促使我們將愛想像成是對完美人生的一種無限羨慕。

這種預想忘了愛還有著另外一種形式——在這種形式的愛裡，我們可以愛不是那麼理想的事物、不是每個錯誤都那麼令人震驚，我們會對其他人的悲傷和災難感到難過並同情他們，我們可以喜歡缺點而非只專注於超凡的完美。

在我們最好的時刻，可以看到存在於脆弱成年人內在的那個小孩，並據其所需給予憐憫和善意。

我們非常清楚，我們有可能去愛一個並非毫無缺點的人。所以，我們更應該對自己溫柔一點。真愛不是對缺點視而不見，而是會對缺點富有同情心。

缺點也容易讓人意識到一個人的整體素質和個性。

憎恨自己很容易。能學會讓自己休息一下，才是真正、罕見、正確的成年人成就。

NOTE

每個人都一團亂——如果你能對那樣的別人好，為何對自己壞？

Lesson 7.

交友無須設限，其實我們都很像

「差異」的概念可能在許多時候讓我們的生活出現不必要的困難和孤立。工作時，我們可能會因為覺得自己實力不足、像個騙子而退出競爭，但其實辦公室裡的每個人基本上都跟我們一樣害怕且沒把握……。

小時候，我們被教導去想像（通常是第一次）其他人可能跟我們一點都不像——我們或許想要玩個遊戲，但別人可能很累，只想上樓睡一下；我們可能以為他們的玩具很有趣，想要也拿起來玩玩看，但說不定他們暫時只想給自己玩。

隨著我們長大，對性別、階級和背景的敏感度更加提高了。我們認為另一個性別的人可能跟自己設想的一點都不同；而出生在特定社會經濟階級的人們，看待世界的角度可能從根本上就受到影響。

因為我們很了解差異概念，所以最終可能認為其他人很孤傲或溫吞。我們善於抓住與自身經驗差異很大的細節，以證實我們被教導要去期待的差異感——因為他們來自有七個手足的家庭，而我們是獨生子女；因為他們是執行長，而我們去年夏天才剛進公司；因為他們沉迷於線上撲克，而我們喜歡讀中世紀的歷史小說……所以，「他們」對於我們來說必然是陌生的。

我們無法忘記他們已經九十二歲、堅持我們不認同的政治觀點、冰箱裡裝滿健康豆類沙拉，或為了會議做很充分的準備。無論他們有什麼特點，我們都會得出相同結論——「他們」是完全不同的。

無論差異的概念在很多情況下有多好用、多明智，它也可能在其他時候讓我們的生活出現更多不必要的困難和孤立。我們可能無緣無故就感覺古怪、害羞和特別愚蠢。我們可能會錯過非同齡者的友誼，因為我們事先就判斷他們與自己非常不同，然而，他們其實只不過是我們經過時間稍微調整過的版本。

約會時，對面那個沉著、迷人的對象不像我們這般局促不安——我們可能會因為這種錯誤感覺而失去信心。或者，我們可能會輕易就認為較富有的人傲慢、自大和天生穩重，但或許他們根本並非如此。工作時，我們可能會因為覺得自己實力不足、像個騙子而退出競爭，但其實辦公室裡的每個人基本上都跟我們一樣害怕且沒把握。當我們接待不太熟悉、帶有威嚴的人物時，因為不敢顯露出愛開玩笑和輕鬆的一面，要自己相信絕不可能入得了地位較高的人的眼，最後可能因此顯得有點生硬和太過客氣。

為了糾正這些不必要的概念，不管證據有多少，我們都應該勇於假設「彼此的相似性」。無論抹除別人的獨特性有多冒險，對自己的獨特性太過有自信也同樣危險。

有時候，我們應該跨越區隔我們與其他人的知覺鴻溝，而且單純猜測對方也跟我們一樣無聊，或很想像我們一樣大笑；或是他們也和我們一樣緊張，甚或者也一樣需要朋友。

統計數據支持我們的論點。雖然我們知道自己的每個怪癖，但我們實際上不可能是以這種罕見且前所未有的樣子降生於世的。我們的物種不允許我們擁有這麼多的獨特性。我們有超過七十億的同種手足，其他人臉上就算沒有直接表現出像我們這樣瘋狂、恐懼、焦慮、渴望、希望、絕望或憤世嫉俗，我們還是可以確定它們存在，而且有時候我們還可以——小心翼翼地——彷彿自己會遇到它們出現。

「了解陌生人祕密的最好方法，就是去了解自己並複製答案。」

根據「經驗法則」（Rule of Thumb）去想像陌生人的方法可能還不錯，這麼做並沒有不尊重他人的排他性——那只是個我們對自己尚未了解的版本罷了。

NOTE

無論抹除別人的獨特性有多冒險，對自己的獨特性太過自信也同樣危險。

Lesson 8.

人生而敏感，所以要善良以待

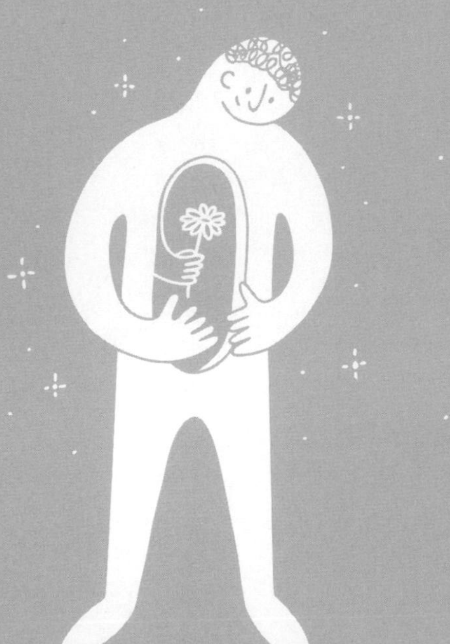

我們之所以這麼迫切地需要善意，就算是收到最微量的善意也好（一扇敞開的門、一句讚美、一個被記住的生日），是因為我們永遠站在絕望和自責的懸崖邊搖搖欲墜……。

我們小時候接受的第一個、也是最無聊的課題，就是人類天性的重要性——這個天性，也就是成年人所說的「善意」。

因為這個特別的指令，母親一週內會提醒我們十幾次要寄卡片給外婆感謝她織給我們那頂怪帽子；我們拜託別人幫忙時，每一次幾乎都得要加上「請」，甚至連只是要別人幫忙遞張餐巾紙時，也得這麼說。為了表現出善意，我們必須邀請班上的怪咖參加生日派對，甚至還要替對方準備個氣球。

我們無疑是被這樣教導的：「善意非常重要。」——而且蠢斃了。

隨著年齡增長，表面上的善意行為會做得越來越好，但我們不一定了解為什麼善意如此重要。我們對這個小時候首要被教導的課題仍然一知半解，只是變得更容易屈服於它的指令，而且處理的辦法更快了一些。

善意之所以如此重要，歸結其原因是一個我們可能長久以來都抗拒著的想法——

「我們都驚人地、甚至是極度地敏感。」

這意味著我們非常不相信自己的價值、自己存在的權利、自己的正當性、自己對愛的權利、自己的面子，以及自己讓任何人關注我們的痛苦和最終命運的能力。

我們之所以這麼迫切地需要善意，就算收到最微量的善意也好（一扇敞開的門、一句讚美、一個被記住的生日），是因為我們**永遠站在絕望和自責的懸崖邊搖搖欲墜**。我們給人成熟自信的印象是虛假的，在精明幹練的外表下，我們內心是害怕和迷茫、不自信和不放心的，而且準備好貪心地抓住任何值得我們繼續前行的跡象，無論這個跡象有多渺小。

難怪我們試圖對孩子（和自己）隱藏這種敏感性，並將對善意的需求呈現為對禮貌的某種抽象要求。

我們不敢實際告訴孩子，如果外婆沒有收到卡片，幾週後可能會在凌晨時分醒來，想著自己所做的事值不值得，想著自己這一生是不是白活了，還會想著這個小小的拒絕是否就代表了她。

這或許不具啟發性，但可悲的是，人類這種生物就是會在人生的極不重要清單上，添加一句隨意的評語或一通未回的電話。相反地，小小的善意舉動給人一些小改變，是換取我們情感賴以為生之希望和勇氣的方式。

當我們意識到自己在多數情況下，有拯救其他人免於自我輕蔑的能力，我們就會開始適度地變得善良。當我們意識到自己多麼需要其他人對我們釋出善意，以支持我們的情緒時，我們也會開始變得善良。

一開始，一定程度的男子氣概會讓人感覺比較容易接受。我們可能會泰然自若地想像自己根本不在意別人的行為、我們超脫於這種枝微末節之上、我們不會讓自己這麼容易受傷，就像某些孩子會假裝勇敢，不顧父母的乞求，在寒冷的冬日裡沒有穿外套就離開家門一樣。

但漸漸地，我們可能有點更了解自己內心，而且更真誠地感受到自己的痛苦，並且因此意識到我們容易受到所有來往的人的擺布。

我們可能會察覺到自己在一天工作結束時，變得難過且無精打采，是因為幾個小時前，我們進行簡報時，有個同事明顯地頻頻看錶。又或者，我們可以承認自己真的非常沮喪，因為曾經寄予希望的人在約定的時間沒有回覆電話；或一週前我們為其精心烹調晚餐的對象，最終只發來一封訊息而非一張卡片。

等到反過來，當我們有孩子的時候，可能就會發現自己堅持著要他們寫感謝卡——不過我們要求他們這樣做時，（如果我們已經夠了解自己）或許會再添加一些東西，讓寫卡片帶有更多感情，例如：如果外婆沒有收到我們的回音，可能會有點沮喪，也或許會開始擔心，懷疑自己這個外婆是不是當得不稱職……。

「我們終究不會因為思考禮貌就變得善良，但我們會因為反思自我懷疑和自我憎恨而變得善良。」

一個更友善的世界不會是一個更有禮貌的世界，而是一個對絕望的存在、對我們羞恥的敏感性，以及對我們存在權利的任何跡象（無論多少）之渴望都更加活躍的世界。

NOTE

小小的善意是給人一些小改變，以換取人們情感賴以為生的希望和勇氣。

Lesson 9.

關係難免有裂痕，「修復愛情」的四大技能

情感破裂的關鍵在於，兩人對於戀情的未來走向隻字未提。它的結果可能是不斷的嚴重破裂，但沒有分手；或是可能有了一、兩個緊張的小爭吵，然後戀情就走向崩潰⋯⋯。

愛情裡頭的許多緊張關係，都可以透過下面這種心理治療常用的概念折射來有效地看待——對**「破裂」**（Rupture）和**「修復」**（Repair）的看法。

對心理治療師來說，每段愛情都有面臨挫折的風險，或者說是「破裂」的風險——也就是當我們失去自己對另一個人那種「可以放心把愛寄託在他身上、相信他可以好好對待且理解我們需求」的信任之時。

裂痕通常很小，外人或許很難以觀察到——或許是其中一人沒有熱情地回應對方的問候；或有人試圖向愛人解釋某個想法，但對方只是聳肩隨口說不知道他在說什麼；也可能因為在朋友面前，講了愛人的糗事，讓他變得不是那麼討喜。

或者可能再裂得更嚴重——罵對方是個蠢貨並大力甩門；一個被忘記的生日；一段不倫戀的開始。

情感破裂的關鍵在於，他們對於戀情的未來走向隻字未提。它的結果可能是有不斷的嚴重破裂，但沒有分手；或是可能有了一、兩個緊張的小爭吵，然後戀情就走向崩潰。

如此的結局差異，取決於心理治療師特別熱中教導我們的東西——「修復」的能力。

修復是指兩個人重新獲得對方信任，而且在對方心中恢復自己本來親切、有同情心的印象的一種工作。除此之外，想要修復還得成為「夠好」的對方需求判讀者。

正如心理治療師所指出的——

「『修復』不僅是一種能力，還可以說是我們掌握情緒成熟度的核心決定性因素。」

它是我們做為一個真正成年人的標誌。

好的修復至少有賴於四種技能：

❶ 道歉的能力

「對不起」可能並沒有聽起來那麼容易，它不僅是某人不得不說的幾句好話；它真正的代價是某人的**自愛**。

如果一個人已經發現自己處在有點難以忍受的邊緣，那麼要求他再承認另一點，例如：承認自己更加愚蠢、情緒失控、有控制欲、脾氣暴躁或自負，可能會讓人覺得要求太多了。

我們可能會選擇深究並避免說「對不起」，不是因為太過自滿，而是因為我們的不配顯然已經讓自己足夠痛苦，以至於我們沒有信心去想像自己做的任何道歉會引起我們渴望得到的寬容和善意，而且我們也覺得自己不值得獲得那些。

❷ 原諒的能力

接受道歉也同樣困難。

要接受道歉，我們需要對好人（包括我們自己）為什麼終究會做出一些很壞的事產生有想像力的同情——不是因為他們「邪惡」，而是因為他們在某方面感到疲倦、悲傷、憂慮或無力。原諒的觀點讓我們有能量環顧四周，以寬容的角度來找尋原因解釋為什麼本來體面的人士有時候會舉止不合宜。

當這種原諒感覺看似不可能之時，治療師會與我們談到一種稱為「裂解」（Splitting）的思考方式，一方面說某些人完全的好，而另一方面同樣簡單的是完全的壞。

在這種人類分裂過程中，我們保護自己免於感覺失望或出現矛盾心理這類的危險——某人要麼是純潔完美的，我們可以毫無保留地愛他；要不然就是突然間，某人是很可怕的，我們永遠無法原諒他。

我們之所以堅持決裂，因為這證實一個故事——深重的感情承諾總是太過冒險、其他人不可信任、希望只是一種幻想、我們本質上就是孤單的。雖然這麼想在某個層面上很令人哀傷，但也讓人覺得非常安全。

❸ 教導的能力

在破裂的背後，通常藏著「某人想教導對方某事」的失敗嘗試。

當他們表現生氣或不高興時，其實是在試圖要去解釋清楚某些事情——你在父母身邊該如何表現、如何處理性關係、如何照顧兒童，或如何處理金錢等。

但是他們的努力失敗了，他們完全忘了好好教導的藝術。這種藝術很令人驚訝的是，在某種程度上，它有賴於「另一個人有能力立刻明白我們想從他身上獲得什麼」這樣的悲觀主義。

好的老師不追求奇蹟般的結果，他們知道人類心智對新想法有多抗拒。

他們對人際溝通的期望已降低了很多，以便在不可避免的愛情挫折中，保持冷靜和好心情。他們不會大吼，因為打從一開始就不允許自己相信完全對稱的想法。

當他們試著解釋清楚某些事情時，不會太過於用力。他們會給聽眾時間，並懂得防禦，也給自己留了退路，他們接受「可能得尊重兩種不同現實」這件事。

最後，他們可以容忍這個事實——即使是很愛他們的人，也總是會對他們有點誤解。

❹ 學習的能力

被某人觸怒比勇於想像他們可能有重要的事要告訴我們，感覺容易很多。我們可能更喜歡去在意他們告訴我們想法時的**語氣**，而不是處理他們試圖傳達的**內容**。

很難想像我們還是這片領域的初學者。好的修復者最終會是個好的學習者——他們對自己還有許多東西要吸收感到生氣蓬勃，而且不覺得丟臉。他們可以優雅地接受自己仍有缺陷。

他們知道有人可能會批評他們，但這並不令人驚訝或慌張。這只是一個跡象，表示善良的靈魂在他們的發展中，投入足夠的精神去注意那些不成熟的領域，並在一段愛情的安全感方面，給予幾乎無人在意的東西——反饋。

日本傳統的金繼工藝（金継ぎ），會把破損的罐子和花瓶用金漆巧妙地修補好，並當成珍貴的藝術品來展示，以強調修復藝術的高尚和基本重要性。

我們應該要對自己的愛情故事做同樣的事。擁有一段沒有破裂時刻的愛情無疑是件美好的事，但儘管破裂仍舊知道如何用那些珍貴的情感金線（自我接納、耐心、謙讓、勇氣和許多重視的課題）來反覆修補，是一件更美好、更高尚的的成就。

NOTE

修補愛情中的破裂，是件美好、高尚的成就。

Lesson 10.

掌握情緒維度，八要點讓你不失控

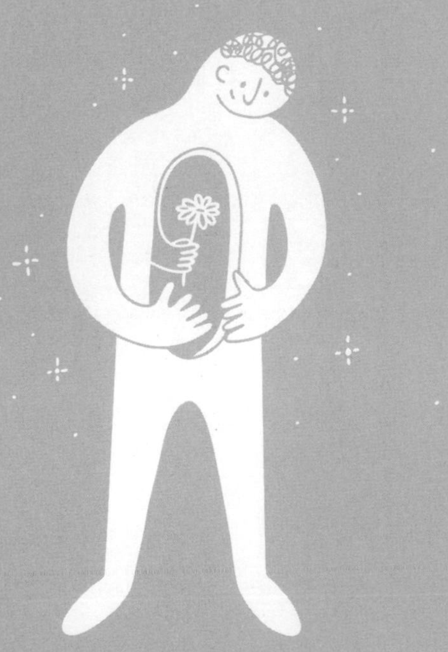

有時候，我們懂得如何對自己寬容。然後，在其他時候，我們情緒低落，為自己所做的多數事情感到悲痛，認為自己是上天鄙視的目標，覺得不配、內疚、無力，且正在走向報應和不幸……。

我們是情緒的動物，也就是說，身為人類，**我們對自身價值的感覺很容易出現異常波動**，而且這種情況遠比我們願意接受和有時候意識到的還嚴重。

有時候，我們懂得如何對自己寬容、未來看似是友善的，我們可以承受別人眼中的自己，我們可以原諒自己以前的過錯。然後，在其他時候，我們情緒低落，為自己所做的多數事情感到悲痛，認為自己是上天鄙視的目標，我們覺得不配、內疚、無力，且正在走向報應和不幸。

要掌握我們情緒轉變的原因，其實很難。由活力和希望起始的一天，可以在午餐時以陷入自我憎恨和傷心流淚告終。就算我們最後有轉彎朝更好事物前進的確定感，這種感覺也很快就會被「我們是個宇宙錯誤」的確定性給取代。

我們顯然永遠無法阻止自己的情緒出現變化，但我們可以做的是——學習如何更有效地控管自身情緒變化，這樣子我們低潮時的情緒起伏可以小一點，也可以更能控制悲傷，然後在自己眼中，我們的善變也就不那麼令人可恥了。

以下幾點皆與我們反覆無常的情緒有關，或許我們應該學著對它們銘記在心。

❶ 意識到我們的脆弱

我們應該承認自己的情緒有多脆弱，很容易被所謂的「小事」干擾。我們是個極端敏感的物種，但這敏感也具有決定性；我們不應該期望一方面能欣賞莫札特（Wolfgang Amadeus Mozart）的詠嘆調或林布蘭（Rembrandt Harmenszoon van Rijn）的自畫像，一方面卻又不去煩惱愛人悶悶不樂的樣子或潛在客戶交談時略顯疏離的目光。

我們不應該因為臉皮很薄而責備自己，應該要調整自己，以適應我們卓越的「經驗開放性」*的全部結果。

❷ 修正我們的社交生活

我們很容易就能發現身邊某些人雖然自稱為我們的朋友，但對我們的情緒影響卻不是這麼一回事。

在善意的外表下，有些人帶著潛在敵意、極大的競爭心態、自私的歇斯底里或自命不凡的道德主義。開始當自己的朋友，代表著學會去判別究竟是哪些人讓我們覺得憤怒、氣餒或沮喪，並將他們從我們的社交生活之中剔除。

❸ 會安慰人的友誼

心情不好時，有人適當地陪伴是最好的安慰——知道如何讓我們安

---

* 譯註：Openness to Experience，是一種心理學概念，用來描述人類的五種人格特質其中之一，包括：活躍的想像力、審美感受性、對內心感受的專注性、對種類的偏好，以及對知識的好奇心，它反映了人對新事物的接納程度。

心、相信會難過是意料中之事，還有就算我們犯了錯，也永遠會有人憐惜我們。

被安慰的靈魂會得到寬恕、會憎恨自己，但也能學會如何嘲笑生而為人的荒謬。最重要的是，當我們在他們面前表露心情不好時，他們知道如何優雅地邁出友誼最重要的下一步——例如：說出一、兩個他們自己心情不好的故事。

❹ 是身體的緣故

令人抓狂的是，我們情緒轉變的部分原因與身體有關。但不得不去接受我們對自己和對自身生活的看法，可能取決於身體因素——睡了多久、喝了多少水、正與什麼疾病奮戰——其實很丟臉。所以我們可能會堅決地認為，自己的想法必須完全是理智的產物。

有個較明智的解釋是——大部分我們思考過的事，在某些方面是取決於身體中發生的特定事件。在某些時候，事情並不是在說：「一切都結束了，而我們是世界上最糟糕的人，而其實只是我們需要躺個一小時，或是趕快喝杯柳橙汁。

❺ 忽視情緒

情緒是傲慢、專橫的東西。它們會冒出頭來，堅持它是在跟我們說明自己的身分和前景的必然狀況——也許是我們的戀情永遠不會有結果；或者工作狀況無法修正。

儘管如此，我們總是可以選擇主張它們只是虛張聲勢；察覺到它們不過是曇花一現的狀態，卻傲慢地假裝是我們的全部；而且我們可以鼓起勇氣禮貌地忽視它們，並改變話題。

如此一來我們可能會察覺到，但不會屈服於某種情緒，並將之與我們清醒的自我拉開一點距離。有時候，我們甚至能做出某種情緒要求我們不要做的事——不因為害羞就不去見某人、真的露面而非只是妄想、出去走走而非僅僅在家窩著。

❻ 讓情緒成為歷史

我們的悲傷情緒強烈暗示它們與我們面前的事物有關，但很多時候，它們之所以會存在，其實主要是因為困苦過往的症狀。它們源於對我們身邊的人的投射記憶，很久以前，身邊這些人以特別權威的態度告訴我們：我們不好、我們會失敗、我們應該以自己為恥、災難就在眼前。我們應該學會讓這些聲音成為歷史，並與眼前值得相信的意見區分開來。

「情緒不好的原因，更多是與需要充分哀悼的過去有關，而不是害怕未來的理由。」

❼ 善意的小燈

當我們被黑暗情緒震撼時，應該努力保持一點光亮。頭腦清醒和自我仁慈的光芒可以告訴我們，就算突然爆發的情緒堅持不要那樣做，但我們才不怕，我們並沒有做什麼不可原諒的事，而且有權利那麼做。

我們可以努力為自己點亮一盞善意的小燈，直到更亮的太陽準備好再次升起。

❽ 什麼事都會過去

難過的情緒不僅會堅持自己是對的，還會試圖說服我們它們是永遠存在的。

然而，我們的自我意識是自然流動的，不管是現實上或暗喻裡的說法，我們很大部分是水組成的。

我們不應該讓錯誤的永恆觀念徒增自己的傷感。雖然我們可能無法轉變情緒，但至少可以辨識它們的本質，並且明白就先知無價的話語來說，在時間的幫忙下，什麼事都會過去……。

NOTE

人皆是敏感而脆弱的，但沒關係，任何事都會過去。

lesson 11.

分辨內心角色，傾聽成熟智慧的引導

我們的內心就像一座劇院，慌張的人、憂鬱的人、自我憎恨的人總向我們發表關於失敗和黑暗前景的冗長演說。不過，我們可以選擇叫停，並要求其他人上台……。

將我們自己視為「一個人」是很自然的，畢竟我們只有一個身體和一個名字。然而，我們的內心其實更像是各種聲音——或我們可能會形容它就是個「人」的集合體。

我們可以把內心想成是一座劇院，大部分地方處於黑暗中，只有舞台中央有燈光明亮的講台和麥克風。在我們白天和夜晚的不同時刻，對比強烈的人物會企圖站出來說話，並解釋我們眼前的世界。

有時候，是慌張的人，他是對任何事物都會驚慌的顯眼人物，總是知道事情就是會出錯，遇到再小的差錯都會馬上哭號。有時候，是自我鞭笞的人，說話非常嚴厲，堅持一切都是自己的錯，並且斥責自己不配存在於這世界。有時候，是憂鬱者，認為存在這個世界上是個可怕的錯誤，不希望再活下去，整個人都走向毀滅和災難。

這些角色的共同點是，他們對於各個方面都非常熱中發言，而且十分地無助。

我們需要記得內心一個驚人的概念，也就是**我們內心都有一個成年人**，即使我們因為對這個事實不是非常清楚，所以很少做什麼來鼓勵他們挺身而出。這個成年人可能在劇院側廳徘徊、可能待在劇院後排的座位上，或是在劇院後台黑暗的曲廊上，但他們就在劇院裡。我們所有人在這一生中，對於其他善良的、令人印象深刻的成年人的認識都很足夠，足以給這個角色定型並發展出演繹生活的能力，就算只是某種程度上的試驗形式。

當我們可以允許他們上台時，成年人會用我們心裡的麥克風帶來一些關鍵美德。除此之外，他們還足智多謀。遇到問題時，他們會尋求解決辦法。他們知道一定有方法可以解決問題，不會只因為遇到第一個障礙就感到絕望。「現在可能很難，但問題最後總是會自行解決，它們總是這樣。」

更別說成年人是善良的——他們會對我們的困難給予同情；他們知道我們麻煩的過去，還有不管是誰站上我們的位置，其實都很容易滑倒。他們可以提出影響問題的觀點。他們會看見在一個更大的計畫中，某些事可能微不足道——成年人會站在更遠的地方來看待問題。他們知道生命有多長，我們還有多少時間可以復原。他們也很實際——有時會簡單命令我們上床睡覺，睡醒之前都不要再想了，並且確保我們飲食正常。

好消息是，無論我們多不習慣聽到成年人在內心舞台上對我們說話，他們都可以耐心地被勸誘做得比現在還有規律。

我們可以養成內心成年人發表意見的頻率及聲量。更棒的是，鼓勵這個成年人發聲不需要特別的技能或祕密練習。我們需要做的，就只有在內心其他角色急於接近內心麥克風的重要時刻，有目的地阻止他們，深呼吸後問自己一個簡單但明確的問題：

「成年人這時候會說什麼？」

例如，在與愛人進行困難對話的過程中，我們應該要問自己的問題是：「成年人會說什麼？」當我們覺得情緒低落、悶悶不樂時，我們應該知道要問：「成年人會說什麼？」當沒有人打電話給我們，我們應該停止恐慌並小聲問：「成年人會說什麼？」

透過一些練習，我們可以看到自己總是能選擇讓內心哪個角色出來說話。當然，慌張者、憂鬱者、自我憎恨者總是會向我們發表關於我們失敗和黑暗前景的冗長演說。不過，我們可以選擇叫停，並要求其他人上台。我們可能需要更努力去尋找另一個發言人；我們可能需要一定次數的說服和訓練，以幫助他們在有點暗的劇院及時找到上台的路。我們可能得要懇求他們立刻上台。但這是可以做到的。

不管在任何遇到困難的時刻，我們都可以簡單地對自己說：「成年人的我在這時候會做什麼？」而很神奇地，我們的內心總是會出現解答。這是因為不管我們的以前有多困難，都會累積足夠的成年人經驗來塑造出這個角色。

現在的挑戰是要定期檢查並確保這個成年人能盡可能有最多的發言時間。制定是誰說話和該在什麼時候對我們說話的權力，全都掌握在我們的手中。

成年人已經存在於我們的內心了。訣竅是要給他們麥克風，並確保我們傾聽他們的智慧，這樣我們才會知道如何度過餘生。

NOTE

傾聽內心成年人的智慧，他總是知道該怎麼做。

Lesson 12.

如何溝通與反應？情緒成熟的三大指標

我們可以外表看起來是五十五歲，但就衝動和習慣的溝通方式來看，彷彿只有四歲半，就好像我們可能身體已經初具成年人的樣子，但情感上卻還是一張白紙……。

在我們的養成過程中，有個部分很令人困惑——我們情緒的成熟度，不一定或不會自動跟上身體的發育程度。

我們可以外表看起來是五十五歲，但就衝動和習慣的溝通方式來看，彷彿只有四歲半，就好像我們可能身體已經初具成年人的樣子，但情感上卻還是一張白紙。

為了評估我們和其他人的情緒成熟度，可以只用一個看似簡單的問題，快速直達核心，取得我們潛意識裡的情緒「年齡」——

當我們的情感依附者讓我們沮喪、失望、猶疑不定或迷惘不安時，我們有什麼特殊的回應方式？

以下三種反應可以測出情緒不成熟的狀態（根據自己的程度，以一至十分打分數）：

❶ 我們可能會悶悶不樂

也就是說，我們可能會覺得很煩，同時拒絕向導致我們變成這樣的人說明可能的原因。

這讓我們太沒面子，也太打擊我們的自尊。我們的心理太過脆弱，不想讓人知道自己被擊垮了。我們抱著一絲希望，期盼不用開口對方就能神奇地理解問題所在並解決它，就像不會講話的嬰兒可能希望父母能自然而然進入他的大腦，並猜到他不舒服的原因那樣。

❷ 我們可能會暴怒

另一種反應是對令我們失望的人感到非常、極度地憤怒。我們可能看起來很生氣，但沒人覺得有必要這麼誇張。我們感到心碎、茫然、快抓狂了。我們重新奪回主控權的唯一辦法，是模仿憤憤不平的皇帝或被逗弄發狂的老虎。對照他們的行事邏輯來看，我們的辱罵和惡毒，就是承認了恐懼的人事和自己的無助。我們深感痛苦，但我們的應對方式更是可悲。

❸ 我們可能會冷漠

要向傷害過我們的人承認我們關心他們、承認他們有控制我們的權力、承認他們掌握我們生活的關鍵部分，其實需要很大的勇氣。**對他們豎起一道堅固的冷漠牆面可能容易多了。**

在我們受親人行為影響，情感最脆弱的時刻，我們堅稱自己沒有注意到這種忽視，而且也不在乎。

我們可能不只是在假裝，而是因為傷口一再地被碰觸，已經變得讓人徹底無法忍受。表現得對任何事物無感，可以取代已經擁有充分注意力的巨大威脅。

上述三種反應依序指向三個情緒成熟度的指標：

❶解釋的能力

這裡指的是一種——向導致我們覺得很煩的人解釋自己為何感覺如此的能力。成熟的人可以用簡單的話語描述這件事，並在實踐後取得不錯的成果。

他們有能力相信自己不會可憐或可悲地以某種方式受苦，而且如果運氣好，就算處在感受到壓力的時刻，我們還是會找到隻字片語讓心底牢記的人明白「你不是我們的敵人」。

❷冷靜的能力

成熟的人知道，我們一直都有「堅持自我主張」這個選項。這讓他們有信心不必立刻大聲叫囂、不必在猶疑不定的時候就給其他人好處，而且不必假設最糟情況並用過多的力量去反擊。

「成熟的人夠愛自己，不會猜想每個人都有充分理由用來嘲笑和詆毀自己。」

❸ 脆弱的可能

成熟的人明白並接受「不管與誰親近都可能會讓自己受傷」這個看法。他們能感受到足夠的內在力量去容忍自己的脆弱，不會對自己毫不遮掩的情緒感到尷尬，甚至可以向羞辱自己的人求助。

最終，他們會相信哭泣並沒有錯，而自己有權利找到知道如何忍受他們眼淚的人。

反過來，以上三點我們可以稱為情緒成熟的三個基本美德——**溝通**、**信任**和**接受脆弱**。這三個美德要不是在溫暖和養分充足的童年自然養成，就必須在成年後努力學習。

這樣的對比至少讓我們對眼前的挑戰有個概略印象，知道不必對自己現在的無知感到羞恥，地球上至少有一半人口未曾在成長過程中接受情感素養的培育，甚至可能根本沒聽過身邊成年人說出情緒成熟的話語。因此，就算我們年紀不小，可能還是需要帶著極大耐心和信念回學校花五至一萬小時學習美好且複雜的成年人情緒語法。

NOTE

情緒成熟的三個基本美德——溝通、信任和接受脆弱。

lesson 13.

照顧內在需求，發掘潛藏「自私能量」

我們時時謹記「盡可能替別人多想一點」，我們的「無私」天賦忽視了自己，而且與欺騙我們、惹惱我們，和狡猾地長久玩弄我們感情的人來往了太久。某天早上我們醒來，發現最好的年華都耗盡了，沒有人特別感謝我們的犧牲奉獻，而且我們對自己把謙和與自我放棄誤解為善良感到生氣……。

我們從小時候就被教導「自私」是對我們的正直和繁榮前景，最具有威脅性的事情之一。我們必須學會**盡可能替別人多想一點**，時時謹記自己其實常常沒站在別人的角度看事情，而且意識到自己在大大小小各個方面損害或忽視了集體利益。

從根本上來說……

「當個好人意味著，將其他人更直截了當地放在我們的生活中心。」

然而，對某些人來說，問題與我們忽視這個忠告沒太大關係，而是在於我們太過緊密且不屈不撓地將其放在心上。我們極其注意自私帶來的威脅性，以至於遇到了相反的危險——**自我放棄**，即幾近於抹去自我的謙虛、把一切都拱手讓給競爭對手的自發性衝動，以及對催促自己進步感到害羞，同時亦對無法拒絕他人或造成別人微不足道的挫敗而感到躁鬱。

因為我們的「無私」天賦，我們在日記裡寫滿對厭倦和掏空我們的人的義務，堅持去做忽視我們真正天賦的工作，而且與欺騙我們、惹惱我們，和狡猾地長久玩弄我們感情（而且可能帶有很多甜蜜情感）的人來往了太久。然後某天早上我們醒來，發現生命已經過去大半，我們最好的年華都耗盡了，沒有人特別感謝我們的犧牲奉獻，天堂沒有獎勵我們的放棄，而且我們對自己把謙和與自我放棄誤解為善良感到生氣。

現在，首要之務就是重新發掘我們潛藏的**自私能量**。「自私」這個字眼可能很可怕，因為我們未曾被教導——在必要時得區別「自私」的好、壞兩面。

壞的自私是惡意剝削和貶低他人、沒有更大的眼界、出於卑劣和忽視而不尊重他人；**好的自私**是我們為了實際完成某事所需要的，會讓我們有勇氣將日常生活中毫無價值的瑣事當成首要關注的目標，讓我們能更坦率地對聲稱愛我們的人表達自己對他們的關注。這種自私有時候讓我們避免了煩人的要求，不是為了讓別人痛苦，而是為了讓我們可以節約利用自己的資源，並且適時以自己最好的方式服務他人。

當我們內心想著一個更有成效的「自私哲學」，可能會努力爭取每天有一個小時的自我時間。我們可能做某些會讓自己被貼上「自我放縱」標籤的事（每週進行一次心理治療或寫一本書），但這對我們的精神很重要。我們可能會自己去旅行，因為發生了很多事，我們需要默默地處理。

「在我們回應自己內在的需求之前，我們不可能對誰都好。」

「無私」可能是讓我們成為無能、憤怒，而且非常討人厭的人的最快途徑。

印度哲學可以在此作為一個有用的指南，它將我們的生命分為四個階段，每個階段都有其特有的角色和責任。

第一個階段是單身學生階段，稱為「淨行期」（Brahmacharya）；第二階段是進入家庭和成為父母的時期，稱為「居家期」（Grihastha）；第三個階段是當祖父母和半退休的顧問時期，稱為「修行期」（Vanaprastha）。

在所有情況下，最有趣的是第四階段所謂的「苦行期」（Sannyasa），這是我們在替別人、公司、家庭和社會服務了多年之後，終於擺脫世俗義務，轉而專注自己心理和精神發展的時期。我們可能會在這時候賣掉房子、外出去旅行或環遊世界去學習、與陌生人交談、睜開眼睛仔細觀察並滋養心靈。

在苦行期，我們（可能在海灘或山邊）過著簡單生活；我們只攝入基本食物，沒帶什麼行李；我們切斷了與以下所有人的聯繫——沒有與精神相關的事要告訴我們的人、野心勃勃且太過忙碌的人、不花大把時間仔細思考人生意義的人。

如此將生命劃分為四個階段的深刻見解是，認識到苦行期的生活方式不可能在任何時候都適合每個人，然而，同樣地，沒有苦行期的生活也不能稱之為完美生活。

有些年我們只需要低頭學習；有些年我們需要養育孩子並累積一些資產。但同樣重要的是，也有幾些年我們最需要做的是說**「夠了」**——物質和表面的要求夠了、性和情愛的糾葛夠了、社會地位和交際應酬夠了！然後相反地，我們學會把精神轉向內在和奮發向上。

我們不必披上印度苦行僧喜愛的橘色長袍，更不用說或許世界上根本找不到我們重新定位的明顯跡象，但我們所有人都可以在心理上進入一個更自我中心和關注內在的時代。

我們可以向身邊的人傳達自己並不懶惰、不瘋狂、不冷酷無情；我們現在只是需要避免做被預期好要做的事。我們需要排除一個只是流於膚淺見識的想法——也就是「始終將其他人放在第一位」——來實踐我們真正的承諾。

NOTE

「好的自私」是我們實際完成重要之事所需要的。

Lesson 14.

「放棄」錯的人，別過度容忍而自傷

孩子向我們展現了一個令人煩惱的模式，他們會不惜一切代價和給予自己愛的人繼續相處，就算那種愛混合了最黑暗和最不健康的元素……。

出於崇高和很好理解的原因，我們開始將成熟度和善良、不放棄其他人的能力連結在一起。我們的英雄對所愛之人謹守承諾。當麻煩出現時，他們不會認輸，而是忍受著艱困和衝突，逃跑是沒信用的行為。然而其實許多事是沒必要的——大家不應該那麼做。

這種寬厚且慷慨的忠誠，可能會有漏掉一個重要警告的危險——要想健康和成熟，有時候可能也需要**擁有放棄一、二個人的重要能力**，而非總是無限地繼續對他們做出無罪推斷；而非總是一再原諒他們；而非不屈不撓地想像他們可能真的有過美好一面，所以代表他們實際上做過、說過的輕率和不友善事件能隱而不論。

「**我們可能有時候要對某人感到絕望，以做為對自己謹守承諾的代價。**」

我們能在孩子身上，看到無法放棄某人的這類舉措以最毫無修飾、最遺憾的模式呈現。

就孩子的天性和環境而言，儘管受託照顧他們的人令人失望或痛苦，他們也不能放棄對方；孩子向我們展現了一個令人煩惱的模式，他們會不惜一切代價和給予自己愛的人繼續相處，就算那種愛混合了最黑暗和最不健康的元素。

即使孩子們在情緒上遭受忽視、冷淡，或對方無法信賴、展現惡意行為、無禮粗俗、背棄改善的諾言，甚至因處境變得更糟而困擾，他們也會想到以下這些念頭：

「或許他會改變。」

孩子對「所愛之人會朝希望的方向發展一事」深具信心。不論是否缺少外在證據，孩子都會想像照顧自己的人總有一天會得到重要的領悟、重新思考自己的定位、看到光明面。孩子透過一種神奇的思考模式，堅持認為成年人正在將自己轉變為孩子非常需要他們成為的那種人。

「也許外在看起來很糟糕，但內在很好。」

天知道外在那種東西，看起來可能總不是很好。有些人可能會大吼大叫、礙事、完全就是個野獸……但最重要的是孩子堅持認為成年人是好的。在孩子想像中，成年人的根本真實面必須是合理的——他們的內心是溫柔的、動人的、溫暖的，而且正派的。

孩子可能正是成年人最惡劣情緒的出氣筒，但卻也總是他們最忠誠和狂熱的捍衛者。

「或許問題是我很糟！」

爭論是免不了的，只是事發原因還有待商榷——然而孩子總對此表現出非常豐富的想像力。

是的，如果身邊有發生什麼不好的事，一定都是孩子自己造成的，他們終究是要被責備的。如果他們能夠有所不同，成年人也就不會變得那麼難對付了。

不過在這想法背後有個可能必須先被忽略——成年人或許就只是那麼地卑鄙和自私。這根本不可能！孩子們比起讓自己落入不值得尊重的父母手裡，還寧可變成一個怪物或可憐自己。

「沒有什麼會比這樣更好了。」

孩子的選擇有限，他們不能逃跑、不能重新開始，也不能說自己已經**受夠了**。

孩子的世界並不遼闊——最棒的童年就是一所開放式的監獄，所以他們甚至不會去想像自己能處在其他情況下。就是必須要這樣。甚至就連最會抱怨的人，也不敢再更大聲一點。

可怕的是，以上每個狀況，成年人都有可能對號入座。在某些令人不滿意的戀愛關係中，我們可能只擁有與最不幸的孩子（我們或許曾經也是那樣的孩子）一樣多的能力，用以辯駁我們為什麼在這裡、為什麼我們被責備、為什麼他們是無辜的，以及為什麼我們無法被感動。

尤其是那些「擅長永不放棄」的人，他們總需要一個聽起來很奇特的教訓，來讓他們不再那麼忠誠。

我們需要聽到是——很令人驚訝的，**有些人就是不會改變**：他們的性格已經因為創傷而被定型，永遠不可能會出現任何進展，不管他們可能說過什麼或多麼認真地承諾，都永遠不可能。

我們需要聽到的是——很令人驚訝的，有些人並不完全是好人，**我們也不一定是問題所在**。

「我們需要學習責備其他人，並且對他們發火。」

我們需要做一件很不習慣的事——**離開**。這不是懦弱的表現或個性軟弱，這是一個徵兆，表示我們（終於）學會愛自己，而且把自己的需求放在本來就該存在的地方——我們思考的核心。

NOTE

有些人就是並非好人、不會改變，而且那不是我們的問題。

Lesson 15.

解開浪漫誤會，在愛中善待自己

選擇伴侶始終是我們被要求做過最重要的面試之一。出於某些對自由受侵害的特殊恐懼，我們自暴自棄地一代又一代製造著自己愛情的美麗災難，沒有從他人的痛苦和晚年的領悟當中獲得絲毫益處……。

最快速、最簡單、也最能不經意地搞亂生活的方法，仍舊是與錯誤的人進入一段認真的戀愛關係。

就算不需要花什麼力氣，也不是天生就對災禍有興趣，仍可能因此在中年或更年輕的時候就完全陷入財務困境、失去為人父母的權利、成為社會毒瘤、無家可歸、神經衰弱而且自尊心崩潰，然後開始經歷一長串折磨人的副作用。

在風和日麗的夏日傍晚，有船隻駛過的河畔，音樂飄揚入耳，看著身著漂亮服飾、啜飲雞尾酒，剛開始約會沒多久的情侶——這樣的畫面可能令人感到很有趣，而且從某種程度上來說很甜蜜。但以本質來說，這更像是在目睹一個幼童把玩一把上膛的步槍或陶瓷牛排刀。

選擇伴侶始終是我們被要求做過的最重要的面試之一。大概有半數人都弄錯了，不是因為我們不稱職，而是因為我們受了傷。

我們可能以為至少在過程中會有一點訓練和信號燈來指引我們，但事實上，我們對公共安全的犧牲奉獻在約會時就該結束了——我們應該需要全然「不」去遵循自己（錯誤的）直覺。

出於某些對自由受侵害的特殊恐懼，我們自暴自棄地一代又一代製造著自己愛情的美麗災難，沒有從他人的痛苦和晚年的領悟中獲得絲毫益處。因此，由於驚人的可預測性，最小心謹慎的人通常會隨波逐流，沒有發現自己正在醞釀多種災難，而且那些跡象可能需要整整二十年才會完全顯露出來。

最重要的是，讓我們的判斷蒙上陰影的，是我們無法控制而且難得有機會深入探索的東西——**我們的童年**，尤其是我們混亂的童年。

最可能預測出成年後愛情無法快樂，而痛苦會在整個交往過程不斷交疊的原因，與我們童年被所愛之人完全直接掌控的經驗有關。如果認為童年非常混亂或幾乎沒被愛護過的人，長大後就會自動做出理性或成功選擇，這種想法實在太不切實際了。我們能追求的最好目標，是主動認知到「自己的直覺」對我們未來的滿足感而言，很可能是極不可靠的指南。如此一來，它可能會激發我們去拜託一位公正無私的裁判來檢查並幫助我們完成家庭作業。

下面是當我們約會面試中，能力受到打擊時，可能發生的一些狀況：

❶ 我們無法篩選

怎麼從較健康的人之中，找出情緒有問題的？不是看他們是否與瘋狂的對象交往——這種人無所不在，而且通常外表很吸引人——而是他們常常**無法及時發現問題並以必要的無情和果斷解救自己**。最重要的是，艱難的童年會讓我們永遠受困。

❷ 我們不是自己的朋友

我們會被困住的原因其實非常心酸——**我們不是很喜歡自己**。因為，當有人對我們忽冷忽熱、讓我們情緒低落、玩弄我們的感情、經常踐踏原先的承諾、溫柔地拒絕我們，或是發誓不會再對我們做出下流的事但又立刻故態復萌時，我們第一個、第二個、甚至第一百個衝動，都絕對不是乾脆打包離開。

我們會傾向去了解自己可能做了什麼事才會引發問題，是否自己誤解了什麼事、自己是否能學會以後更有技巧地不讓他們心煩。

我們的過去讓自己帶著敏感但最終是災難的偏好在看待自身的缺陷，而且對別人有著超乎尋常的信任。我們可能需要個十年，才會得出其他人一晚就能有的結論——**他們不值得**。

❸ 我們不能讓任何人失望

照顧自己需要一種罕見的技能——你得要在「需要做出選擇」的時刻，具備以**保護自己**的名義讓另一個人失望的能力。

我們為了保持清醒，可能不得不拒絕出席聚會、回絕朋友的提議、婉拒一場邀約，或讓愛人不高興，即使這些人在很多方面對我們都不錯。內心沒有被愛充盈的人可能會問：「怎麼有人敢拒絕另一個人的愛？」「就算那份愛的外層裹著詭計或毒素又有什麼大不了？」「也不看看自己是誰，怎麼好意思讓別人哭呢？」

❹ 我們盼望得太多

在頑固者照顧之下長大的孩子，往往無法改變或擺脫照顧自己的人。他們站在一個無能為力的位置上，最終決定要把一件事做得非常好——抱著一絲希望，盼望這些成年人會神奇地改變並且學會善良。期盼如果他們堅持得夠久，而且夠有禮貌、夠服從，那麼頑固的成年人就會大發慈悲並且有所改變。

這些受苦的孩子們長大後，會將自己被誤導的耐心放到成人關係上，然而同樣收效甚微。他們被禁止獲取一個很重要的見解……

「有時候，健康與『輕鬆放棄某些人』的能力有關。」

❺我們太過害怕孤獨

我們對離開一段令人不滿意的戀情所需的準備，有一部分基於我們有可以忍受獨自一人的信心，和對未來更令人滿意的對象敞開心房的自信。就這兩方面而言，對自己不滿意會不斷破壞那股期待——還有誰會要我們？更糟的是，花時間養育像我們這樣的人，正派的人怎麼可能會開心？

看著我們最棒的希望，無助地被伴侶的冷酷和沉著，甚或無意識的虐待狂人格所打碎，其實比較好……？

❻ 我們覺得善良「很無趣」

不安的過去會讓我們對真正的善意異常不寬容。對於好人，人們往往直覺是「無趣、不性感、讓人反感、古怪」。儘管我們可能無法完全指出很友好的那次約會出了什麼錯，但我們可能會形容為「沒有化學反應」或「興趣不同」。

如果我們更了解自己，就知道我們將要說出口的話聽起來很奇怪：「我們覺得某個約會對象不對勁，因為知道對方不會讓我們受苦，但偏偏我們從小到大就相信受那種苦才是被愛的感覺。」「我們約會的對象錯了，因為他們用友善來對待我們。」

在一個規劃較完善的社會裡，從青春期開始就會教導關於約會的技巧，還有至少一個和學開車一樣嚴格的審查過程。如果有一點事先的幫助和忠告，我們也不至於讓自己的人生走向崩潰。

就目前而言，很多人至少應該意識到——**當童年充滿痛苦時，我們內心的衝動會被極度誤導**。

我們不應該責怪自己，只要接受我們需要學習「怎麼去做一件非常陌生但對自己相當好的事」：**善待自己**。

NOTE

比起忍受一段掙扎關係更值得的，是「善待自己」。

Lesson 16.

重拾安全感，擺脫戀愛的脆弱循環

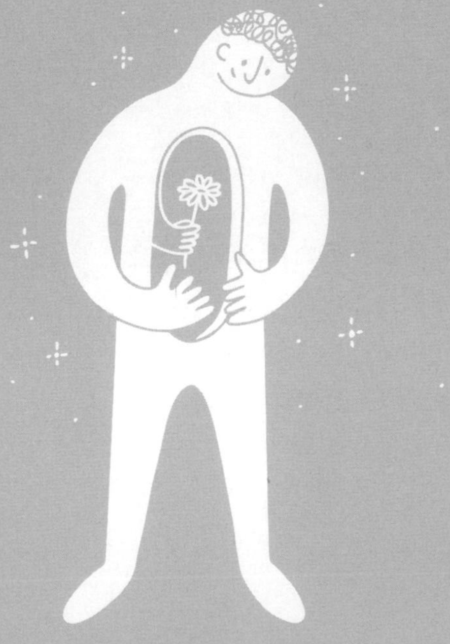

對於經歷過「失望」的人而言，幾乎無法相信自己能順利找到愛情，因此往往做出不好的行為，以確保自己真的「無法」尋得愛情。當我們得以確認內心最深處的猜疑，也就是「自己不值得被愛」時，約會遊戲就變得異常重要……。

成年人的生活都有一段時間會出現有點奇怪、有點不太典型、而且必然有點挑戰性的行動：**尋覓**（Looking）。

我們身邊的多數人都不會比自己聰明多少，但有點微妙的是，我們會去審視——餐廳推薦的咖啡或午餐、接受的每個邀約、提供我們的電子郵件信箱，還有對火車座位號碼非比尋常的關心。

有時候繁瑣的事會令人愉快，有時候則讓人覺得無趣。有多達四分之一的人認為這是我們必須做的事情中，最困難的其中一件。這件事毫無樂趣可言，更像是創傷。之所以會這樣，是因為這會讓人覺得更丟臉——因為它追溯到我們出生那天就開始探索的愛——但我們卻還沒能完全掌握它的影響和留下來的東西。

雖然可能看起來不像，但嬰兒也在探尋愛。他們不會精心打扮外出參加聚會，也不會給陌生人手機號碼，除了偶爾會露出非常可愛的笑容以外，幾乎就只是靜靜地躺在嬰兒床裡，沒能力做什麼事。不過他們也在尋找可以讓自己覺得安全的手臂；他們也在尋找當自己對事情感到絕望時，可以安撫他們、摸著他們的頭說「一切都會沒事」並借個乳頭給他們吸吮的人。他們正在尋找心理學家所謂的**依附關係**。

遺憾的是，有四分之一的人在這個過程中出了錯。沒有人可以妥善照顧他們，哭了沒有人理，餓了沒有人餵。沒有人給予他們可靠的微笑或自信的擁抱，也沒有歡迎他們吸吮的乳房。本來應該在照護者眼中看到的開心和安心，只剩下憂鬱和憤怒。然後，這就導致嬰兒長期對於自身的存在有所恐懼，讓約會真的變得非常困難。

對於童年經歷過**「失望」**的人而言，由於幾乎無法相信自己能順利找尋愛情，因此我們往往做出不好的行為，以確保自己真的「無法」尋得愛情。當我們得以確認內心最深處的猜疑，也就是「自己不值得被愛」時，約會遊戲就變成了一個非常重要的場合。

例如：我們可能會關注一個以更協調的觀點來看，顯然不感興趣的對象，而對方的冷漠和冷淡、已婚身分或不相配的背景或年紀，遠不會讓我們對其失去熱情，反而恰好是讓我們感覺熟悉、認為有必要且具有性刺激的東西。

這正指向我們自以為戀愛的時候就應該發生的事——嚴重受傷且無處可去。

或者，我們在善良且適合的潛在對象眼前，變得很苛刻且不受控，提出的要求非常不合理且緊逼不放。於是，沒有哪個頭腦清醒的人會繼續跟我們爭辯。我們會把一生的自我懷疑和孤獨感堆放在一個無辜的陌生人身上，進而破壞任何可能的好印象。

或者，因為無法忍受還不清楚自己所處地位的恐怖焦慮，我們決定自己解決問題——寧願讓飛機墜毀也不願看它可能會如何降落。我們會對每個曖昧不清的時刻做出負面解釋，因為悲傷比失望更令人容易接受。對方回覆得稍微晚一點，就肯定代表他們找到了其他人；對方忙碌一點，就一定是在掩飾對我們突然而生的憎惡；對方傳的訊息末尾沒有親暱的問候語，就是他們已經看穿我們虛偽的決定性證據。為了掌握對另一次失望的恐懼，我們變得冷漠，對真誠的讚美做出諷刺的反應，並以攻擊性的態度堅持對方根本不是真的關心我們，以確保對方最後**不會**關心我們。

為了擺脫這些讓人變脆弱的循環，我們必須要接受自己「正在尋找一個愛我們的人」，並同時與「無論如何，我們都不值得被愛」這個最致命的懷疑背景抗爭。

只有正確掌握曾經發生在自己身上的事，也就是我們在嬰兒時期第一次失望的經驗，才能開始區分過去的創傷與眼前的現實，進而學會駕馭成年人約會的曖昧和偶爾出現的風險——那可能並不是在告訴我們，我們不配存在，而只是對方今天晚上真的很忙碌；他們其實不討厭我們；對方跟別人結婚，但也恰恰沒有跟其他許多人結婚，只是我們選擇小心地不去看這一點。

對方並不奇怪；若我們要求認識十二小時的人來彌補自己孤獨的一生，才是不公平且太超過了。

我們必須要明白，這不是我們第一次「約會」。很久以前我們就做過了，而且正是因為那次出錯的方式，掌控著我們成年時出現錯誤的關鍵，也造就我們的極端、冷漠、缺乏判斷力。我們害怕會發生的災難經發生了，我們給自己設定的挑戰，是企圖重新碰觸我們既不了解也不哀痛的創傷。

我們可以及時學會在約會時詢問對方問題，因為我們終於理解到自己並沒有真的問對方我們以為自己想問的問題：「我配存在嗎？」我們問的是更無害，而且就算答案是否定的，我們也更容易生存的問題：「你星期五有空嗎？」

我們可以存活下來，因為就算我們曾在襁褓時受過重傷，但現在我們是最有復原力的成年人。我們有很多其他選擇，如果約會有沒成功，我們也不會（像自己曾經擔心的那樣）孤獨死；我們可以從容不迫地慢慢來，我們可以讓事情浮出水面，我們可以忍受曖昧。

當我們有了這種安全感，就可以不用抱著失去理智的風險，並開始做最重要的事——看看我們喜歡的人今天晚上究竟是否想要一起出門。

NOTE

我們值得被愛，我們都在找尋一個愛我們的人。

Lesson 17.

未來道路無限寬，「B 計畫」也不壞

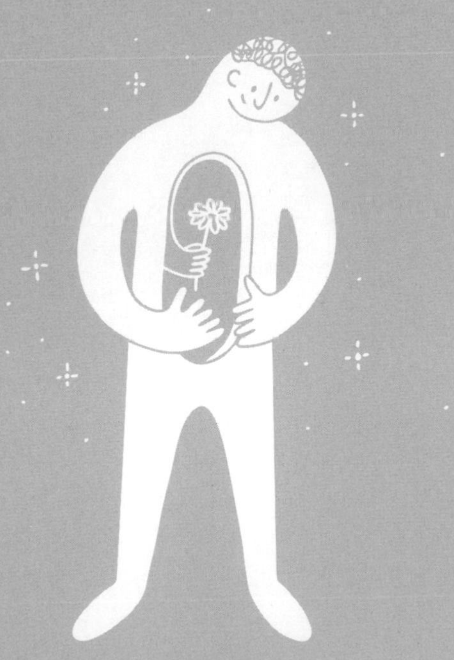

一些突如其來的意外，讓我們發現自己必須放棄人生的「A計畫」。這種領悟可能會讓人覺得崩潰。我們會哭泣或害怕，想知道事情怎麼會變成這樣……是被什麼詛咒了嗎？

在我們成長過程中，總是不可避免地對「A計畫」有著強烈的依附性。所謂的「A計畫」就是我們對自己人生將如何發展的想法，以及我們需要做些什麼來達到自己特別設定的明確目標。例如：我們會去就讀四年制的法學院，然後搬到美國西部買房建立家庭。或者，我們將會就讀七年制的醫學院，然後移居另一個國家接受我們感興趣的專業訓練，希望在五十歲退休。或者，我們將會結婚並生養兩個孩子，而且將生活重點放在戶外活動和在世界上行善。

然後，有些人（或在某種程度上是所有人）的生活，原來早已經自己有了一些其他計畫——突如其來的傷害，讓我們永遠無法從事某個行業；可惡且出乎意料的辦公室政治，讓我們的名聲被抹黑，並迫使我們退出專業道路；我們發現了一起背信行為或犯了一個雖小但關鍵的錯誤，改變了所有別人看重我們的程度。

因此，我們很快就發現自己必須完全放棄「A計畫」。

這種領悟可能會讓人覺得崩潰。我們會哭泣或害怕，想知道事情怎麼會變成這樣。是被什麼詛咒了嗎？誰能預料到當初那個活潑、充滿希望的孩子，會落到如此淒涼又可憐的地步？我們在事件翻轉的時候，一下哭泣、一下憤怒。然而正是在這種時候，就算事情看起來平靜且充滿希望，我們也還是應該要思考人生最重要的技能之一——**擬定「B計畫」**。

首先第一點，就是要完全認知到，我們永遠不會因為擬定「B計畫」而被責罵。「A計畫」根本不會一直都順利地發展成功。

「沒有人能以精心擬定的『A計畫』完好無缺地過一生。」

一些出乎意料、令人震驚和可惡的事經常會發生，不是只有我們會遇到，全部的人類都無法倖免。我們太容易發生意外、太缺乏資訊、能力太差，無法避免一些嚴重的雪崩和陷阱。

第二點是要認識到，就算我們有時會感到困惑，但還是很有能力可以擬訂非常好的「B 計畫」。

我們常常不相信自己可以做到這點的原因，其實是因為小孩不容易做到，而童年不但是所有人都經歷過的時光，且還會繼續對長大的我們產生難以察覺的影響。當小孩的計畫出問題時，他們無法有太多的回應動作——他們仍然必須留在相同的學校、他們不能離開父母、他們不能搬到另一個國家或換工作。他們往往被困住，無法行動。

然而，成年人完全不是這樣，這是個光榮的事實，我們需要不斷更新自己的想法，並在焦慮時從中獲得安慰。我們有無比的行動力和適應力。就算前方的道路被堵住，我們仍有很大的機會可以去尋找其他路線；可能有一扇門是關起來的，但還有其他入口可以試試看。**我們的人生不是只有一條路**，就算有時候我們非常熱情地堅守著一切應該和必須如何的想望。

我們是一種適應力極強的物種。也許我們將不得不永遠離開現居的城鎮；也許我們將不得不放棄花了十年發展的工作；也許我們將不可能和自己寄與厚望的人在一起。

這些事會讓人感到絕望，直到我們重新發現自己潛在的「B計畫」。事實上，我們很可能重新安家落戶、在另一個領域重新開始、找到另一個人攜手前行、在災難事件中掌握主導權。

我們出生時，並沒有人為我們撰寫單一的劇本，那麼未來也不必只有一個劇本。

操練「B計畫」，有助於我們開始知道，其實很多其他人的人生都曾經不得不放棄「A計畫」，然後重新開始——以為會白頭偕老的人，突然就分手了，但也挺過來了；曾經在某個領域聲名卓著的人，之後不得不在截然不同的領域重新開始，而他們也走出了一條路。

在這些故事中，我們很可能發現有些人會非常真誠地告訴我們，他們的「B計畫」最終優於「A計畫」。他們為此付出了更多努力，必須要深入挖掘才能找到「B計畫」，而且它所附帶的虛榮心和憂慮更少。

最關鍵的是，我們**不需要**立刻知道自己的「B計畫」可能是什麼。我們應該要完全有自信，確信不管何時需要，我們都能夠擬出「B計畫」。我們現在不需要反覆思考「B計畫」或預想可能遇到的每個挫折；我們應該要完全有自信——只要世界還如常運轉，我們就會知道如何找到一條截然不同的道路。

NOTE

人生不是只有一條路，我們永遠能有B計畫。

Lesson 18.

人生長度，取決於生活的充實度

童年會讓人覺得這麼漫長，就是因為充滿新奇事物，就算是最平常的日子，也充滿驚奇的發現和感受。到了中年，可以料想事情會變得更加熟悉。我們對愛情、賺錢和告訴別人該做什麼都有所涉獵。結果，時間毫不留情地離我們而去……。

我們把人生搞得一團亂的部分原因，是不知道自己剩下的時間有多短。而我們之所以會這樣，最主要的原因是我們從小就被以一種很特殊的方法灌輸時間概念。

總的來說，時間對我們童年經驗留下的標記，就是做過了多少事，因為時間似乎過得很慢。夏天讓人感覺會一直持續下去；明年的生日顯然遙不可及。

一切原因就在於時間最根本的事實之一——就算我們堅持把它當成一個客觀單位來測量，但不管在什麼狀況下，都不會感覺到它以相同的速度移動。五分鐘可以感覺像是一小時；十小時可以感覺像是五分鐘。過了十年可能感覺只過了兩年；過了兩年可能像活了半世紀等等。換句話說，我們對時間的主觀經驗與我們喜歡在時鐘上觀測時間的方法，幾乎沒有關係。

時間的快慢會根據我們多變的思緒而定——時間可能飛逝而過，也可能遲滯不前。

「時間可能會無聲無息地消失，或是成為永恆。」

最關鍵的是，決定時間快慢感覺的，是我們在一定時間內遇到多少新奇事物。我們經歷越多新事物，就會覺得經歷的時間越長；我們操控越多熟悉的事物，就越會覺得時間快速流逝。

這就解釋了為什麼童年時間如此漫長，因為小孩的生活天生就充滿新奇事物。任何事都出乎意料——一輛收集玻璃瓶進行資源回收的紅色大卡車、某人帶了一隻巧克力色的狗穿過公園、世界上所有國家都有不同的國旗、媽媽外套上有一顆很好看的鈕釦、有隻蝸牛在房子的磚牆上留下一道黏黏的痕跡……世界充滿不可思議的事，每分鐘都穿滿驚奇。

我們被這種童年的強大經驗所啟發，因此總假設時間永遠都是浩瀚無限的資源，可以一直為我們所用。在這種基礎上，我們不一定要急著釐清自己的目標、了解自己的目的，或是按照事情的重要順序來過日子。我們揮霍得起幾年的時間；我們之後會整理好一段合適的愛情、我們會有一個找到最佳工作的年齡、我們總會有時間去建立真正的友誼，或我們總會有時間去修復與家人的關係。

道德主義者和藝術家可能會試圖用骷髏頭和沙漏的圖像來讓我們不要無精打采，但我們幾乎懶得去注意——我們為什麼要玩幾十年（也就是幾個世紀）？

然而，我們在五歲時所擁有的那種世紀感，儘管到十五歲時還會有點感覺，但到了二十五歲或三十二歲時，它就已經不再是這種感覺了，到了這個階段，我們可能已經開始會覺得有點晚了。

我們可能會越來越驚慌地意識到，現在已經沒有太多機會讓我們再受

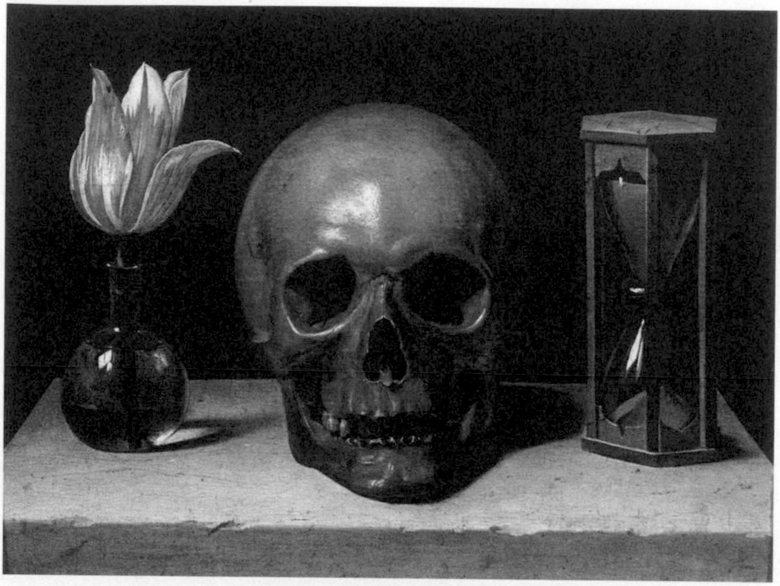

肯定是個荒謬的誇張手法……
《帶有骷髏頭的靜物畫》（*Still-Life with a Skull Vanitas*，約一六七一年），菲利浦．德．尚佩涅（Philippe de Champaigne）繪

訓或受教育，或者我們已經幾乎沒有機會找到一個適合的人來生孩子。我們從出生到二十幾歲之間的時間流速證明是被完全誤導了。現在我們感覺要活到完成學業得經歷幾個世紀，工作要上手大約要花三十年，然後做其他事的時間不到三年，接著就要上天堂，所謂的其他事包括：養育孩子、釐清財務狀況、閱讀我們需要的東西、發揮我們的潛力。

我們常常被告知要留意生命的短暫，但聽過就忘。不是因為我們傲慢或耳聾，而是因為我們還是想著一年的時間**感覺**就像八歲時候那樣漫長。在一個不具代表性的年紀所制定的時間概念，給我們留下了決定性的深刻印象。

當我們被做其他事的短促時間所驚嚇時，我們會開始試著延長時間的正常方法是「努力增加壽命」，通常是吃更多藜麥和青花菜，以及在雨中慢跑。這種方法被證實是沒用的，不只是因為不可能靠著青花菜、羽衣甘藍等蔬菜就避免死亡，在更深的層次上，還因為延長生命的最佳方法不是企圖在它的尾巴上多留幾年。

無論營養師怎麼極力主張，如果我們的目標是**延長**生命，首要的工作似乎不應該是增加本來的時間，而是確保無論活了多少年都覺得**恰如其分地充實**。目標應該是加強時間密度，而不是企圖從死神手中再多爭取一、兩年。

正如我們意識到的那樣，我們有越多的日子充滿新的、不可預測、具挑戰性的經歷，就感覺日子過得越長。相反地，我們有越多的日子與另一天完全一樣，日子就會越快在模糊的瞬間匆匆而過。

童年會讓人覺得這麼漫長，就是因為充滿新奇事物，就算是最平常的日子，也充滿驚奇的發現和感受。到了中年，可以料想事情會變得更加熟悉。我們可能已經環遊世界好幾次。吃鳳梨、擁有一部汽車或按下電燈開關的想法已經不再會讓我們興奮。我們對愛情、賺錢和告訴別人該做什麼都有所涉獵。結果，時間毫不留情地離我們而去。

關於這點，有個解決辦法經常被提出，就是我們應該把所有精力都放在發掘新奇事物的新來源上。我們不能繼續在一個狹小的單一領域中，過著自己瑣碎、可預測、而且因此「飛快」的生活；我們必須要變成探險家和冒險家。我們必須前往祕魯的馬丘比丘（Machu Picchu）或吳哥窟、哈薩克的阿斯塔納（Astana）或烏拉圭的蒙特維多（Montevideo）；我們必須要找到一種和海豚一起游泳的方法，或在祕魯首都利馬（Lima）市中心世界知名的餐廳點一套有十三道菜的大餐。這樣似乎能減緩殘忍的時間飛逝。

但這是在一種不公平、昂貴、而且終究不切實際的新奇概念下運作的。我們到了中年的時候，一定已經在自己周遭看過太多東西，但幸運的是，我們不可能確切地注意到其中大部分事物。我們可能匆匆看了一下身邊存在的奇蹟，然後非常不公平地假設自己知道所有關於它們的一切。我們想像自己了解所居住的城市、了解與自己往來的人，而且或多或少知道事情的重點在哪。

然而，我們當然幾乎連表面都未曾觸及。

「我們已經對一個自己未曾開始去正確了解的世界心生厭煩，這就是時間流逝的原因之一。」

讓生命感覺更長的專家不是營養師，而是藝術家。在最理想的情況下，藝術是一種工具，提醒我們自己徹底了解和注意到的事物如此之少。它重新向我們介紹日常事物，讓我們重新審視「潛在的美麗」和「對那些我們不再關心之領域的興趣」。它可以幫助我們恢復一些新生兒時期的極端敏感度。左圖是梵谷（Vincent van Gogh）的畫，他被一些橘子迷住了，而且敦促我們也這麼做。

《籃子和六顆橘子》（*Basket With Six Oranges*，一八八八年），梵谷繪

我們不需要創作藝術，只為了學習藝術家最珍貴的一課——適當地留意、睜著眼睛過日子，並且進而在這個過程中享受時間。我們無意去創造可以擺放在藝廊的作品，作為更有意識生活的目標的一部分，我們可以在城鎮中不熟悉的地方散步；向老朋友探詢他們生活中，我們以前從來未敢探索的部分；躺在花園裡看星星；或以從未嘗試過的方式擁抱愛人。只有極度缺乏想像力，才會認為我們必須前往馬丘比丘才能探尋新事物。

在杜斯妥也夫斯基的小說《白癡》（*The Idiot*）中，有一名囚犯突然被判死刑，並且被告知只剩幾分鐘可活了。

「如果我不用死會怎麼樣！如果把生命還給我，那會是多麼無限啊！……我會把一分鐘變成一個時代……」他大喊。面對失去生命，卑劣的壞人意識到，只要有足夠的想像力和鑑賞力，每一分鐘都可以變成永恆。

試圖活得更久是明智的，但我們對「長壽」的真正意思有個錯誤概念。我們可能活了一千歲，卻仍然抱怨一切都過得太快。

因為我們已經設法灌輸自己以正確的開放心態去欣賞，還有五歲孩子天生就知道要如何加以運用的那種毫不收斂的感受力，所以我們的目標應該是過一種讓人覺得很長的生活。

我們需要停下來看看彼此的臉、研究傍晚的天空、驚嘆河流的漩渦和顏色，並且敢於詢問那些揭開內心的問題。我們不需要增加生命的時間；我們需要透過**確保有意識地過每一天**來增加剩餘時間的密度。

我們可以透過一個簡單又重要的策略來做到，那就是開始注意我們眼前所見的一切。

NOTE

延長生命的首要的工作是，確保無論活了多少年，都恰如其分地充實。

lesson 19.

學會自由，對他人期望說「不」

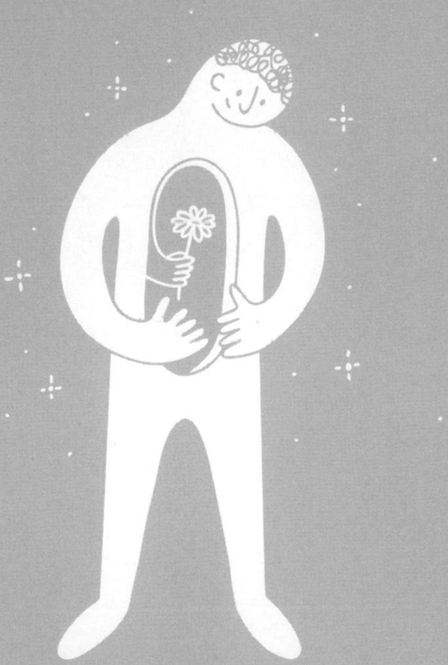

我們學會將自由視為既有吸引力但在某種程度上卻又荒謬的事。我們變得非常善於合理化自己的挫折感，我們認為必須堅持做自己痛恨的工作或堅守走調的婚姻，並告訴自己別無選擇……。

成年人的生活比本來應有的還灰暗和悲慘的其一原因，是我們的童年通常由一個長期且極具養成衝突的服從概念所組成。我們整個童年在通往成熟大人的道路上，無疑都得牽扯到一些不容我們置疑的權威人物，以及他們總會要求我們去做的一連串相當令人討厭的事情。

沒人問我們是否對學習「什麼是伏特」或「三角形的角度」特別感興趣，但我們無論如何都會服從。我們整個白天和大部分晚上及週末的時間，都用來遵從他人為我們精心製作的行程表，而說起他們對我們幸福的關心，充其量來說就是高度地抽象化。

我們會穿上藍色或灰色套頭毛衣，坐在辦公桌前研究莎士比亞悲劇名作《馬克白》（*Macbeth*）的主要情節或氦的化學性質，而且相信我們的無聊和厭惡一定是大錯特錯。

然後，我們變得喜歡將這種態度延伸到與更廣大世界的往來中。我們假設「自己特別想要」，永遠都不應該是最重要的原因。我們選擇職業的基準，是在其他人眼中，這個職業看起來是正確的。能夠讓我們參加聚會的時候，以某種大家都認為無可非議或有點令人印象深刻的方式，回答「你從事什麼工作？」這個問題。

與此同時，我們學會將自由視為既有吸引力但在某種程度上卻又荒謬的事，認為當我們沒有其他事來打發時間時，我們才會是自由的，例如：星期六早上或是退休後。

在這個過程中，我們變得非常善於合理化自己的挫折感，告訴自己別無選擇。我們必須堅持做自己痛恨的工作或堅守走調的婚姻，因為（我們說）自己需要錢，或我們的朋友會失望，或這是每個像我們一樣的人都必須做的事。

「我們變成精心構思藉口的天才，這些藉口讓我們的不幸福看起來是必要且合情合理的。」

二十世紀中葉的英國兒童心理學家、精神分析學家唐諾．溫尼考特（Donald Winnicott）遇過許多極度憂煩的患者，他們通常是聲譽卓著的人士。而這些人之所以如此的原因，正如溫尼考特所說的：「他們**太好了**。」他們從來沒感受過**說「不」**的內心自由和安全感，主要的原因是他們童年的照護者會將他們真實感受的表達，視為有威脅性的造反。

溫尼考特主張，健康只能來自抵抗這種太快服從（也太信任）他人偏好的傾向，而所謂的他人也包含那些聲稱非常關心我們的人。

就溫尼考特的觀點，以有利的方式當個「壞人」不一定就意味著做違法的事或變得有侵略性；這只意味著我們找到內心的自由，去做心裡真正的自我想要探索但別人可能感到不安的事。它將建立在一個非常深刻的觀點上，也就是其他人最後根本不可能成為我們人生的監護人，因為他們對於什麼事情能被接受的天性，並非根據「對我們獨特的需求有深刻認識」這點而形成。

我們對自由的幻想常常有關於「不必工作」或「能展開長途旅行」。但如果我們深入研究其核心，就會知道**自由真正的意義**，**是不再對其他人的期望負有義務**。假期中，我們可以非常自由地選擇很努力工作或待在家裡。決定性因素是我們**願意**這麼做，即使讓其他人失望、心煩意亂或不安。

我們不需要對此津津樂道，我們可能天生就傾向於盡可能和越多人相處融洽越好。但是也許我們可以帶著這樣的想法過日子，那就是——自己主要的選擇可能不會得到普遍的認同。

在聚會上，我們可能會冒著別人對我們的作為完全沒印象、認為我們的生活起居不合禮俗，或我們的選擇很奇怪的風險。但我們不太在意，因為我們已經自由了。我們對自己的生命與什麼有關的見解，已經不再與滿足他人期望的概念相互混淆。最終，想要自由還是要以可能很費力的方式來致力滿足自己的期望。

一七七五年，博學的德國文學泰斗歌德（Johann Wolfgang von Goethe）出版了那個時代最暢銷的小說《少年維特的煩惱》（*Die Leiden des jungen Werther*），當時整個世界似乎都在他的腳下。不久之後，他踏出了非常奇怪的一步，選擇成為威瑪公國（Weimar）的公務員。這對他的家人朋友來說，似乎是個荒謬的選擇。他現在必須要花時間寫關於道路維修的經濟學報告，並檢查市場攤販的執照。他們認為這是對自由的可悲抗拒——（他們認為）他應該一直在鄉下漫遊、寫幾行詩，以及懶洋洋地躺在舒適的旅館裡。

歌德自己的觀點則完全不同。他對自由的看法與他自己成長的觀念很有關係——他只要有機會發展自己的個性，他就會自由。而他那個時候最需要的發展就是一種「與真正的現實碰撞」的苛求。他並沒有繼續寫小說（他的下一本小說二十年後才問世），而是認為至少一段時間內，他需要自由地服從政府服務的嚴謹。

他身邊都是無趣且拘謹的人，但歌德的不同之處不在於所做之事的細節，而是為什麼這麼做的原因，以及背後的選擇性。

我們可以佩服歌德，因為我們的直覺告訴自己，許多阻礙我們繁盛發展的障礙，是在於自己既強大又持久不變的壓抑程度。我們在許多方面都會感到痛苦猶豫，像是：說出自己非常想要的東西、欣賞自己的才華，以及用無比的堅持和勇氣去追求自己在這世界上想要的目標。

我們看起來似乎單純有禮貌且安靜，但我們其實是更邪惡且會自殘的東西——我們會為了想要的東西感到羞恥，而且就最大的意義而言，是我們會為了想追求的人感到羞恥。

我們保持逆來順受太久的部分原因，是我們用沒有幫助的戲劇化方式，想像著更直率的生活。我們想像這涉及到大規模的激進行動，而且和我們所在乎的人主要的苦惱有關，因此我們能夠理解地放棄引起反感和混亂的渴望。

事實上，直率並不總是意味著會如此。我們可以用更溫和的觀點來看勇於表達的行為，把它當成是一種演變而非革命性的巨變，並且採取一些建立自信的措施，這些措施還有可能慢慢消磨我們沒有幫助的膽怯。我們可以考慮一系列日常行動，它們指出通往更自由生活方式的途徑。

❶ 為我們的成就開心

羞怯的人往往（自相矛盾地）害怕被指責自己吹噓。所以不管他們獲得什麼成就，都會非常小心地隱藏起來。如果事情發展順利，他們對外會將這一切歸於運氣，但私底下則認為很快就會有更糟糕的事會發生。

然而，我們可能時不時就有承認什麼是成功的機會。有時候，我們可能試圖停止自卑，對自己參與其中的成功事件敞開心胸。這可能感覺像在商店裡偷東西一樣危險，但衡量且以自己的美德為豪，可能會帶來真正的好處。

❷ 面對恐懼，而非逃離

我們習於把自己的恐懼當成可靠的警鈴。如果我們不想去參加聚會，一定是因為聚會很危險；如果我們不想執行一個新的提議，一定是因為風險難以承擔。

但有些警鈴響起可能根本沒有理由，只是因為我們從小就對自己有所懷疑。（原則上）幫我們看顧自身利益的恐懼，可能會阻礙我們正常生活。我們在選定的事情上，可能需要聽到警鈴，進一步確認它的力量，然後繼續前進。

❸ 給別人製造麻煩

我們的衝動總是配合其他人。我們因為他們的笑話而大笑，遵從他們的計畫，並試著永遠不要惹怒他們。

然而，我們也可能非常生氣，有合理的不滿，而且有些反潮流的重要事情必須要說或必須要做。所以我們有時候可能會給別人帶來非常大的不方便，不是因為無理作對、故意不合作，而是我們不想放棄一個攸關利害的重要原則。我們可能會了解，痛苦才是微妙的生命藝術真正重要之處。

❹ 賣弄風情

會被壓抑，就是把「我們向其他人表達自己對他們的喜歡，並且他們也會反過來喜歡我們」這種想法假設為不受歡迎且有點令人驚訝的。我們可能永遠不敢讚美別人或允許自己公然地表現熱情。畢竟別人總是有愛人的；而我們向來都不是他們喜歡的類型，並且不管怎麼說我們還有點令人倒胃口——這些可能都不是真的。幾乎每個人都會有一種孤獨感，我們也許可以提供另一種非常吻合的答案。

❺ 多賴床一下

我們怕被別人認為很懶惰，所以透過高強度的工作行程和鋼鐵般的自律來讓自己免於出現不配的感覺。一直不斷的忙碌和痛苦似乎讓人感覺更能忍受。

儘管如此，我們還是能勇於對抗自己內心的被虐狂，並且在沒有危險的事情上，嘗試自己從不敢做的事——**造反一下下**。我們可能早點回家或休息一個早上；或接受自我放縱一下下，一點都不關心其他人會說什麼，只接受屬於任何美好生活的過程。

❻ 善待自己

我們天生的羞恥感可能會以內心的節制表現出來。迴避快樂總是會讓我們自我感覺比較好一點，但我們仍然能以心理健康的名義，拋棄那個終生的習慣，有時候不帶內疚地單純只作幾小時的白日夢、給自己買一件昂貴的衣服（最好還是顯眼的顏色），或走進麵包店買一大片藍莓蛋糕或一個（甚至兩個）葡式蛋塔。

❼ 你有點厲害

不管你有什麼缺點，我們都已經聽夠了，要知道你是宇宙創造的一部分，是非常原始且充滿生氣的宇宙見證者，與《失樂園》（*Paradise Lost*）和朝木星發射火箭的人有著相同的生物體，並且具有自己獨特的抒情、有見識和光采的時刻。

此時，一連串強烈的異端思想抬頭——或許你配在這裡、或許你並非天生可恥、或許你被允許去愛而且不時會反過來被愛。

或許，你可以對自己的身分、自己想要的東西，和自己（跟所有人一樣）所造成的全部錯誤與尷尬感到自在。當你向自由踏出一小步，或許也沒有人會抱怨。

NOTE

自由真正的意義，是不再對其他人的期望負有義務。

Lesson 20.

焦慮難止息？「達成謬誤」在作祟

「擁有」無法實現我們對它們的期望。我們還是會在一個善良且有趣的愛人懷中擔憂；我們還是會在配備齊全的廚房中煩惱；不管我們的收入有多少，我們的恐懼都不會止息……。

我們多數人最渴望的是「安全感」，也就是我們在地球上終於安全的感覺。我們將安全感的希望寄託在一系列不斷變化的目標上——一段幸福的愛情、一間房子、孩子、一個好的職業、大眾的尊重、一定數字的金錢……我們堅信當自己擁有這些東西，最終將能獲得安息。

我們可能會嘲笑「從此幸福快樂」這句話，因為它與天真的兒童文學畫上等號，但我們其實的確傾向於好像有一天可以在某地過著滿足和安全日子的生活。

所以，值得試著去理解為什麼「從此幸福快樂」這件事，天生就那麼不可能。這並不是說我們永遠無法擁有一段幸福的愛情、一間房子或退休金。我們很可能擁有這一切，甚至擁有更多。不過這些擁有將無法實現我們對它們的期望。我們還是會在一個善良且有趣的愛人懷中擔憂；我們還是會在配備齊全的廚房中煩惱；不管我們的收入有多少，我們的恐懼都不會止息。

這聽起來令人難以置信，尤其是當這些想要的東西仍然遠離我們的掌控時，但我們應該相信這個重要的事實，以便與人間的險惡和平共處。

我們不可能永遠完全安全，因為只要活著，就會對危險有所警戒，而且在某方面處於危險中。唯一完全安全的人是死人；唯一能真正平靜的人躺在地下；墳場是唯一周遭絕對安靜的地方。

要接受這個事實和我們生活中無盡的憂慮，其實要具有高尚的態度。我們都應該認識自己對幸福終點的強烈渴望，並且同時了解我們無法擁有它的內在原因。

我們不應該懷抱達成謬誤的希望，相信可能存在「目標」這種東西，就地位穩固的意義上來說，這樣我們就不會再受苦、不會再渴望、不會再害怕。

「必須有一個這種目標」的感覺始於童年對某些玩具的渴望，成長後目標轉移，或許是愛情，或許是事業。其他受歡迎的目標包括：孩子和家庭、名聲、退休或（甚至）小說出版。

並不是說這些目標不存在，只是它們不是我們可以停下來、安定下來、感覺受到充分保護，而且不想再繼續前行的原因。這些目標都不會讓我們有自己已經真正抵達目的地的感覺。我們很快就會再度發現威脅和不安。

有一種反應是去猜想我們渴望的東西可能是錯的，應該要尋找其他目標，也許是更深奧或高尚的東西——哲學或美感、社群或藝術。但這些也是虛幻的。

「我們有什麼目標其實並不重要，它們永遠不夠。」

生命是用一個焦慮和一個渴望取代另一個焦慮和另一個渴望的過程。

沒有目標可以讓我們不再重新追求目標。**我們生命中唯一恆久不變的元素就是渴望，唯一的目標就是旅程。**

完全接受「達成謬誤」會有什麼影響？我們可能還是有雄心壯志，但是對於實現它們時可能發生的事，會抱持某種冷嘲的超然態度。我們知道很快就會再度出現渴望。

理解了達成謬誤，我們可能還是容易受錯覺影響，但至少意識到了這個事實。當我們看著別人努力時，我們的嫉妒可能會少一點。其他人看起來好像已經到達「那裡」，但是我們知道身居豪宅或管理高層的他們，還是心懷渴望和擔憂。

我們應該試著給旅程更多的關注，我們應該盡可能地看看窗外欣賞風景。我們還應該要了解為什麼這只能是部分解決方案，我們的渴望是一種太過強大的力量。我們可以獲得的最大智慧，就是知道為什麼真正的智慧不可能完全實現，並反過來對我們的狂熱至少有一點有利優勢而自豪。

我們可以接受某些永不休止的焦慮，而不是追求瑜伽的寧靜狀態——我們能平靜地接受我們永遠不會有絕對的寧靜。我們的目標不應該是消除焦慮，而是學會管理焦慮，在其環伺之下仍活得很好，而且（當我們可以的時候）還會對我們令人焦慮的渴望開懷大笑。

NOTE

生命是用一個焦慮和一個渴望取代另一個焦慮和另一個渴望的過程。

Lesson 21.

點綴以幽默，在悲慘世界過活

愉快的笑聲不是出自從未真正哭泣過的人，而是出自哭了很多年的人、美好希望都被踐踏過的人、犯了一些非常可怕的錯誤並遭受巨大痛苦的人，還有完全考慮結束這一切但最後一刻決定要繼續前行的人……。

以認真、嚴肅、不苟言笑的心情對待生活的論點是勢不可擋的——我們顯然是非常邪惡的物種；我們不斷對彼此造成可怕的痛苦；我們的貪心和惡毒是無極限的；我們的想法反覆無常，而且大幅失去控制；沒有人的人生能毫髮無傷地度過；每天都很糟糕，直到最終最慘的事情發生。唯一能幻想笑著度過這種恐怖人生的人，只會是尚且太過天真或主動被騙的人。

然而在經歷各種不愉快的事件後，我們可能會得出一個聽起來更奇怪的結論，就是我們還是能在悲慘的事件裡找到辦法。這並不是因為我們對不公平的痛苦、不幸的錯誤和所有的不完美一無所知，而是正因為我們知道，因為我們對一切都十分了解，並受夠了對絕望的反思。這種挑戰困難的態度，力量來自對困難充分和極度密切地了解。

這種笑聲不是出自從未真正哭泣過的人，而是出自哭了很多年的人、美好希望都被踐踏的人、犯了一些非常可怕的錯誤並遭受巨大痛苦的人，還有完全考慮結束這一切但最後一刻決定要繼續前行的人……。不是因為對自己有任何期望，不是因為堅持對美好生活有任何標準信念，而是因為就算身處災難之中，你還是會不禁注意到天空是令人舒爽的天藍色；還是有巴哈（Johann Sebastian Bach）的大提琴協奏曲可以聽；還是有可愛的四歲孩子握著媽媽的手問鴨子晚上怎麼睡覺。

所以，儘管有孤單、羞恥、妥協、自我憎恨、明知尚未完結的痛苦等等一切，一個人還是會轉向光明面，並向（生來就很在乎的）宇宙頑強叛逆地愉快說聲：「太好了！」

有時候，好心人試圖透過告訴對方他們很漂亮、他們值得擁有美好的事物、他們身上有一份神聖的任務，好讓對方振作起來——祝福這樣的嘗試和這些好心人付出的對象。但對其他人來說，可能還有另一種方法。這不會是訴諸情緒的陳腔濫調，而是直視黑暗並拒絕讓它們威脅自己。我們可以優雅地、自然而然不假思索地接受以下論點來增強自己，例如：自己完全是個白痴、其他人多數是可怕的、幾乎沒有什麼事是永遠真的正確，但無論如何我們都會堅持下去。

我們變成明白在《鐵達尼號》(*Titanic*)上重新打開躺椅其實不會浪費時間的人，因為郵輪上的樂隊演奏聲聽起來多麼美妙，因為整體看來，在冰冷的海水開始淹上腳踝前沒有多少時間，而讓那些最後的快樂音符在晴朗的酷寒夜裡響起有多麼重要。

「輕鬆自在的生活哲學背後隱含的不是天真；而是來自記錄每種沉痛並超越它的輕鬆。」

我們可以透過比較兩幅藝術佳作來了解這種態度的特色——一幅是西班牙畫家維拉斯奎茲(Diego Velázquez)於一六三二年左右所創作，描繪

《釘在十字架上的基督》（*Christ Crucified*，約一六三二年，細部），維拉斯奎茲繪

世界的基督教歷史上最悲傷的時刻；另一幅畫面是英國喜劇劇團蒙提・派森（Monty Python）於一九七九年所創作的電影《布萊恩的一生》（*Monty Python's Life of Brian*），演繹一個不起眼的普通人帶著對自己的命運不太過悲痛的強烈決心，被釘在十字架上。

維拉斯奎茲描繪的是經典的悲劇，但蒙提・派森在片尾卻以肆無忌憚的表情死在十字架上，搭配一段玩笑話：「當你看著生活，它就是一坨屎。」這種情緒並沒有讓我們進一步陷入悲傷，而是讓我們嘲諷並完全致力於拒絕哀傷：「永遠看著生活的光明面，嘟起嘴巴吹口哨。」

這種反抗策略堅持直接地面對嚴峻的形勢，然後主張用冷嘲熱諷來控制它。

在中世紀時有一種傳統，死刑者臨刑前會轉向群眾並對自己的處境開玩笑。在評論這種絞刑幽默時，佛洛伊德敘述死刑犯如何在黎明時被帶去掛在絞架上，他評論道：「今天肯定會有很棒的開始。」

法國大革命中，有位貴族被送上斷頭台（當時那是一台新穎的高科技殺人機器）時，抬頭看著它複雜的操作方式，問道：「你確定這是安全的嗎？」與其斜眼看一下事實並讓它折磨自己，絞架上的幽默者堅持面向事實，不會讓自己保持沉默，而是捲起袖子頑強地抓住它，並且透過喜劇消除它的刺痛。

真正的輕鬆愉快，始於欣賞一個人在宇宙中完全不重要和完全無意義——我們做過、說過或想過的任何事都不重要。只是我們自我的可怕幻覺給了我們一個自己很重要的印象，然後折磨我們說我們還不夠重要。此外，沒有人會永遠完全特別地懂我們或愛我們。這不是針對個人的詛咒，而是個鐵一般、想當然耳的事實，我們最好停止反抗和停止對此不斷失望。我們深切盼望的所有事情，要麼不會發生，要麼發生的時候讓人不滿意。我們必須停止哭泣，不要好像它真的很重要或曾經有過其他辦法。我們必須同情自己，然後改變策略。

悲慘的觀點是顯而易見的。會痛苦是默認的。所有一切幾乎毫無意義。

現在，讓我們用有一點不負責任的笑聲來給自己驚喜，這種笑聲可能需要一生的悲傷才會完美。

NOTE

真正輕鬆的笑聲，是承受並超越了一生的悲傷。

版權聲明

P. 45

《伊卡魯斯的墮落風景》（約一五五八年），老彼得·布勒哲爾繪。原作材質：布面油畫·木板。原作尺寸：73.5公分×112公分。館藏處：比利時布魯塞爾（Brussels）皇家美術館（Royal Museums of Fine Arts of Belgium）。購自：一九一二年倫敦薩克維爾藝廊（The Sackville Gallery）。圖片來源：維基共享資源。

P. 54

《耶穌誕生》（約一四一五年至一四三〇年），羅伯特·康平繪。原作材質：板上油畫。原作尺寸：84.1 公分 × 69.9 公分。館藏處：法國第戎（Dijon）第戎美術館（Musée des Beaux-Arts de Dijon），inv./cat.nr 150。圖片來源：維基共享資源。

P. 178

《帶有骷髏頭的靜物畫》（約一六七一年），菲利浦·德·尚佩涅繪。靜物畫。原作材質：板上油畫。原作尺寸：28 公分 ×37 公分。館藏處：法國利曼（Le Mans）泰賽博物館（Musée de Tessé）。圖片來源：維基共享資源。

P. 183

《籃子和六顆橘子》（一八八八年），梵谷繪。原作材質：布面油畫。原作尺寸：45 公分 × 54 公分。館藏處：私人收藏。圖片來源：維基共享資源。

P. 214

《釘在十字架上的基督》（約一六三二年），維拉斯奎茲繪。原作材質：布面油畫。原作尺寸：248 公分 ×169 公分。館藏處：西班牙馬德里（Madrid）普拉多美術館（Museo Nacional del Prado）。圖片來源：維基共享資源。

國家圖書館出版品預行編目 (CIP) 資料

那些學校忘了教你的事：艾倫．狄波頓 21 堂人生哲學課，陪你梳理生活、情緒、感情、工作，找回內心自由和安全感 / 人生學校 (The School of Life) 著；許景理譯．-- 初版．-- 新北市：方舟文化出版：遠足文化事業股份有限公司發行，2022.06
面；　公分．--（心靈方舟；39）
譯自：What they forgot to teach you at school

ISBN 978-626-7095-42-3(平裝)

1.CST: 自我肯定 2.CST: 自我實現 3.CST: 人際關係

177.2　　111006702

心靈方舟 0039

那些學校忘了教你的事

艾倫・狄波頓21堂人生哲學課，陪你梳理生活、情緒、感情、工作，找回內心自由和安全感

What They Forgot to Teach You at School

作　　者　人生學校 The School of Life
譯　　者　許景理
封面設計　張天薪
內文設計　薛美惠
主　　編　林雋昀
行銷主任　許文薰
總 編 輯　林淑雯

出版者　方舟文化／遠足文化事業股份有限公司
發行　遠足文化事業股份有限公司（讀書共和國出版集團）
231 新北市新店區民權路 108-2 號 9 樓
電話：（02）2218-1417
傳真：（02）8667-1851
劃撥帳號：19504465　戶名：遠足文化事業股份有限公司
客服專線：0800-221-029　E-MAIL：service@bookrep.com.tw
網站　www.bookrep.com.tw
印製　沈氏藝術印刷股份有限公司　電話：（02）2270-8198
法律顧問　華洋法律事務所　蘇文生律師
定價　360 元
初版一刷　2022 年 6 月
初版四刷　2024 年 6 月

方舟文化官方網站　方舟文化讀者回函